Brigitte vom Wege · Mechthild Wessel

333 Jahreszeitenspielideen

Brigitte vom Wege · Mechthild Wessel

333 Jahreszeitenspielideen

HERDER
FREIBURG · BASEL · WIEN

Inhalt

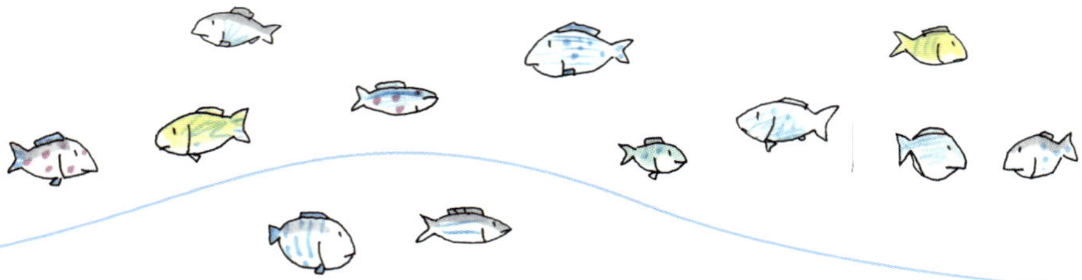

Vorwort 6

1 Jahreszeiten

1.1 Frühlingszeit 8
April, April, der weiß nicht, was er will 10
Kommt der Frühling in das Land 12
Kresseköpfe und Maienpfeifchen 14
Hopse und Gummitwist 16
Wilde Frühlingsküche 18
Dem Frühling auf der Spur 20

1.2 Sommerzeit 22
Oh, Verzeihung, sagte die Ameise 24
Trarira, der Sommer, der ist da 26
Sonnenkappe und Regenmacher 28
Wer hat Angst vorm Wassermann? 30
Der Sommer schmeckt wie Erdbeereis 32
Feuer und Wasser 34

1.3 Herbstzeit 36
Wenn der Herbstwind weht 38
Ein Männlein steht im Walde 40
Blätterbrille und Schütteldose 42
Kometkastanien und Segelflieger 44
Gemüsetheater und Pflaumenstreusel 46
Apfelforscher 47

1.4 Winterzeit 48
Ein dicker kleiner Schneemann 50
Der Winter, der ist da! 52
Eislicht und Winterzauber 54
Eisbärenfangen und Rodeltipps 55
Obstsalat im Schnee 56
Bunte Eiswürfel und Vogelkekse 57

2 Festtage

2.1 Geburtstag 58
Geburtstagsluft und Kuchenduft 60
Wir gratulieren! 62
Trinkhalmturner und Überraschungsdampfer 64
Mensch ärgere dich nicht 66
Müsliriegel und Gemüsefische 68

2.2 Karneval – Fasching 70
Mit Prinz und Prinzessin beim Fingerfasching 72
Wir feiern heute Karneval! 74
Masken und Girlanden 77
Maskenspiele 78
Pizzagesichter und grüner Früchtetrank 79

2.3 Ostern 80
Dideldumdei, ein Osterei 82
Osterhas im grünen Gras 84
Osterhasen-Werkstatt 86
Eins, zwei, drei, ins faule Ei 88
Hefehase und Wackelei 90

2.4 Halloween 92
Gespenstergeflüster 94
10 kleine Fledermäuse 95
Hohler Kürbis und Spinnentheater 96
Huibuh und andere Gespenster 98
Kürbisknacker & Spinnenbrot 99

2.5 St. Martin 100
Martinsgeschichten 102
Laternen- und Martinslieder 103
Martinslaternen und Schattentheater 104
Laternentanz 106
Martinsbrot und Martinspunsch 107

2.6 Nikolaus 108
Lieber heiliger Nikolaus 110
Lasst uns froh und munter sein 112
Goldschachtelgeheimnisse 113
Da stapft ein Ni-Na-Nikolaus 114
Ministutenkerle und Nikolausstiefel 115

2.7 Advent 116
Sterntaler und Wichtel 118
Morgen, Kinder, wird's was geben 119
Adventsbriefe 120
Sternentanz 122
Bratäpfel und Adventstee 123

2.8 Weihnachten 124
Tannengeflüster 126
Es tönen die Lieder 128
Sterntalerbild und Scherenschnitt-Tanne 130
Auf ins Weihnachtsland! 132
Weihnachtskugeln und Zimtsterne 133

3 Krankentage 134
Bettkantentheater 136
Im Krankenhaus ist Trallala 138
Sorgenpüppchen und Strahlemännchen 139
Das verrückte Krankenhaus-Labyrinth 140
Möhrendrache und Löffelspiele 142

4 Ferientage 144
Bei uns ist immer was los (Spiele für zu Hause) 146
Wir fahr'n heut fort mit'm Omnibus
(Spiele für unterwegs) 149
Oben auf dem Berge (Spiele beim Wandern) 152
Sonne, Sand und Meer (Spiele am Strand) 154
Ferienküche (Essen unterwegs) 156

Vorwort

„Kinder sollen mehr spielen, als viele es heutzutage tun. Denn wenn man genügend spielt, solange man klein ist, trägt man Schätze mit sich herum, aus denen man später sein ganzes Leben lang schöpfen kann ..."
Astrid Lindgren

Spielen ist das halbe Kinderleben

Das Wichtigste im Leben eines Kindes ist das Spiel. Es ist sozusagen seine „Berufstätigkeit" und eng mit seiner gesamten Entwicklung verbunden. In den ersten Lebensjahren gibt es beim Kind noch keine Trennung zwischen Spiel und Lernen.

Spielen ist Lernen und Lernen ist Spielen

Im Spiel setzt sich das Kind mit seiner Umwelt auseinander. Es begreift die Eigenschaften von Gegenständen oder Spielzeugen, z.B. dass der Ball rund und glatt ist, erfasst Funktionen, den Ball kann man rollen, werfen oder mit dem Fuß kicken, und durchschaut Zusammenhänge, z.B. dass ein kräftiger Tritt gegen den Ball die Fensterscheibe zerstören kann.

Im Spiel erwirbt das Kind Fähigkeiten in der Bewegung. Es läuft, hüpft, balanciert oder fährt Fahrrad.

Im Spiel erprobt das Kind unterschiedliche Ausdrucksformen. Es malt, singt und tanzt. Seine Kreativität und Fantasie werden freigesetzt und angeregt.

Im Spiel geht das Kind Beziehungen zu anderen Menschen ein. Durch gemeinsame Interessen und Gespräche entstehen erste Freundschaften. Im Zusammensein mit anderen erfährt es gesellschaftliche Regeln und Werte, die seine späteren Einstellungen prägen.

Im Spiel zeigt das Kind seine Gefühle. Es spielt erlebte Situationen im Rollenspiel mit Stofftieren, Puppen oder Alltagsmaterialien nach und bringt dadurch seine emotionale Betroffenheit zum Ausdruck.

Leider sind natürliche und intakte Spielräume, die spontane Spielerlebnisse zulasssen, häufig nicht mehr vorhanden. Umso mehr brauchen Kinder Verständnis, Unterstützung und Anregungen durch den Erwachsenen.

Spielen muss Spaß machen

Im vorliegenden Buch finden Sie zahlreiche Spielanregungen wie Reime, Lieder, Rätsel, Bastel- und Experimentiervorschläge sowie einfache Kochrezepte, die verschiedenen Themenbereichen zugeordnet sind.

Es gibt traditionelle Spiellieder zu entdecken, bekannte Reime, die vielleicht noch aus der eigenen Kindheit vertraut sind, aber auch neue Bewegungsspiele, originelle Rezepte und kreative Bastelideen, die je nach Situation verändert oder erweitert werden können.

Mit unseren Spielideen wollen wir Kinder und Erwachsene zum gemeinsamen Spielen anregen. Das Lernen geschieht ganz nebenbei, aber nur dann, wenn alle Spaß haben.

Aus diesem Grund haben wir bei unserer Spielauswahl weitestgehend auf Wettkampfspiele verzichtet und anstelle dessen Spiele bevorzugt, die das faire Miteinander bevorzugen.

Die in den Spielvorschlägen angegebenen Materialien sind in fast allen Haushalten vorhanden oder preiswert zu erwerben.

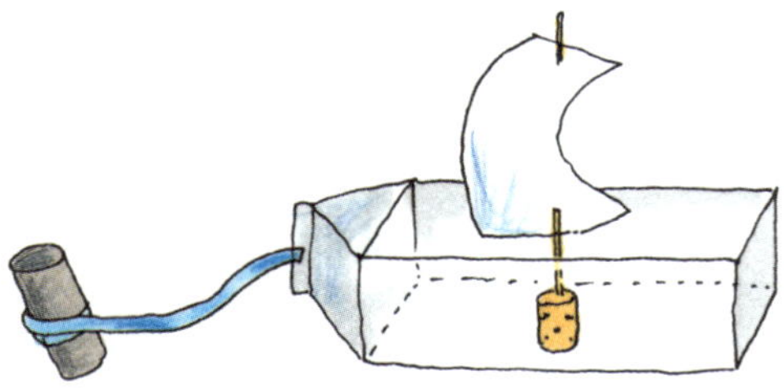

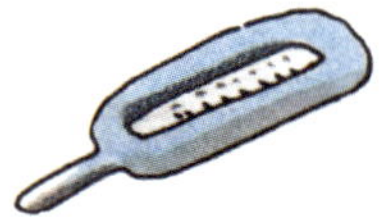

333 Jahreszeitenspielideen

Unsere Spiel- und Themenauswahl orientiert sich an möglichen Lebens- und Erfahrungsbereichen von Kindern im Alter von 3 bis 8 Jahren, ob drinnen oder draußen, in der Stadt oder auf dem Land.

Gerade in der heutigen Zeit, in der immer mehr Traditionen verloren gehen, ist es sehr wichtig, die **Jahreszeiten** mit Kindern bewusst zu erfahren. Erlebnisorientierte Spielaktionen in der Natur regen den Selbstbildungswillen der Kinder an und bereiten die Grundlage für Natur- und Umweltkenntnisse. Das, was Kinder durch das spielerische Tun lernen, bleibt ausdauernd haften. Bei Spaziergängen, beim Picknick auf der Waldwiese oder durch kleine Experimente erkennen sie mit allen Sinnen, wie sich der Jahreskreis stetig wiederholt.

Feste gehören zum Leben eines jeden Menschen und bieten besonders Kindern eine Orientierung. Eingebettet in den Jahreskreislauf, unterbrechen persönliche, traditionelle und religiöse **Festtage** nicht nur den Alltag, sondern beleben ihn durch geladene Gäste, festlich geschmückte Räume und besondere Festtagsspeisen. Egal, ob das Fest in der Familie, im Kindergarten oder im Freundeskreis gefeiert wird, bleibt es doch als Höhepunkt langzeitig in Erinnerung. Insbesondere dann, wenn die Kinder Spielideen, Dekorationsvorschläge und Liederwünsche miteinbringen können und bei den Vorbereitungen einbezogen werden.

Ferientage können ebenfalls zu Festtagen werden, wenn sie frei sind von lästigen Pflichten, Terminen und Langeweile. Für Kinder sind es Tage an denen sie Zeit zum ausgiebigen Spiel mit Eltern und Freunden haben und bei gemeinsamen Unternehmungen neue, besondere „Orte" erkunden können.

Manche Tage im Jahr werden getrübt durch Unwohlsein oder Krankheit. An diesen **Krankentagen** ist Spielen die beste Therapie. Nicht nur Trostverse, sondern auch originelle Spielideen helfen die Bettlägerigkeit besser zu überstehen und vom Schmerz abzulenken. Kinder, die Lust haben, am Krankenbett ein „Krankenhaus-Labyrinth" oder ein „Sorgenpüppchen" zu basteln, sind meist auf dem Wege der Besserung.

Spielen öffnet Wege

Wir möchten Sie, liebe Eltern, Großeltern, Tagesmütter, Tagesväter und alle anderen, die gerne mit Kindern zusammen sind, einladen zu spielen. Lassen Sie sich durch dieses Buch anregen, bekannte Spiele zu entdecken, unbekannte auszuprobieren und gemeinsam neue (Spiel-) Wege zu wagen.

Spielen tut auch Erwachsenen gut!

Viel Freude am gemeinsamen Spiel mit Ihren Kindern wünscht Ihnen

Brigitte vom Wege, Mechthild Wessel

Die folgenden Symbole erleichtern die Suche nach geeigneten Spielideen. Sie verweisen innerhalb der einzelnen Kapitel auf die unterschiedlichen Spiel- und Beschäftigungsformen.

Sprechen und Spielen

Bewegen und Spielen

Singen und Spielen

Essen und Spielen

Gestalten und Spielen

Experimentieren und Spielen

Frühlingszeit

1.1

Der Frühling ist die beste Zeit, gemeinsam mit den Kindern den Blick für die lebendige Umgebung zu schärfen und Neues zu entdecken. Haselnuss und Schneeglöckchen sind die ersten Frühlingsboten. Schon bald folgen Krokusse und Osterglocken. An den Weidenkätzchen können die ersten Bienen und andere Insekten beobachtet werden, die von dem süßen Blütennektar naschen.

Wenn sich der frostige Boden erwärmt, kann die ganze Familie im Garten die ersten Radieschen aussäen. Wer keinen Garten hat, benutzt die Fensterbank. Kinder sind sehr begeistert, wenn sie in selbst gestalteten Töpfen Kresse, Bohnen oder Ähnliches aussäen können. Sie verfolgen gespannt den Keimvorgang und sind stolz, wenn sie schon nach wenigen Tagen etwas ernten können.

Auch im Wald und auf Wiesen gibt es bereits einige Wildpflanzen wie Löwenzahn oder Brennnessel, die zu einem leckeren Auflauf oder Salat verarbeitet werden können.

Achtung! Wildpflanzen nur mit einem Pflanzenexperten sammeln.

Spätestens auf einem Waldspaziergang, wenn viele Vogelstimmen zu hören sind, merken alle, dass es Frühling geworden ist. Die Zugvögel kehren zurück und auch die Standvögel wie Meisen und Amseln beginnen mit dem Nestbau. Der Kuckuck hingegen macht sich erst dann bemerkbar, wenn er sich im Laub der Bäume verstecken kann.

Auch viele andere Tiere sind jetzt gut zu beobachten, z. B. Igel, die aus ihrem Winterschlaf erwacht sind, oder Kaninchen und Rehe, die ihre Jungen zur Welt gebracht haben.

In der warmen Frühlingssonne können die Kinder wieder länger „Gummitwist" oder Fangen spielen. Mitunter machen jedoch kalte Aprilschauer das Frühlingswetter recht unbeständig, sodass sich der „Kreisel" bisweilen auch im Haus drehen muss.

Das christliche Osterfest mit seinem religiösen Bezug steht im Frühling im Mittelpunkt, aber ebenso finden weitere Frühlingsfeste oder Maifeiern statt, bei denen zum Beispiel Kinder Maienkränzchen tragen und mit geschmückten Stangen durchs Dorf ziehen, um den Frühling zu begrüßen.

Der Frühling

Der Frühling ist 'kommen!
Der Frühling ist da!
Wie freu'n wir uns alle,
juchheirassassa!

Es singen die Vögelein
von fern und von nah:
„Der Frühling ist 'kommen,
der Frühling ist da!"

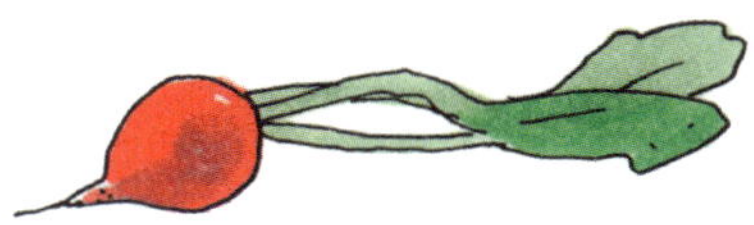

April, April, der weiß nicht, was er will

April, April

Ab 3 Jahre

April, April,
der weiß nicht, was er will!
Mal Regen und mal Sonnenschein,
dann hagelt's wieder zwischendrein.
April, April,
der weiß nicht, was er will!

Nun seht, nun seht,
wie's wieder stürmt und weht,
und jetzt, oh weh, oh weh!
da fällt schon wieder dicker Schnee!
April, April,
der weiß nicht, was er will!

Der Erwachsene spricht den Vers und führt dazu Bewegungen zu den einzelnen Wettererscheinungen aus, die Kinder machen mit:

Regen – *mit den Fingerkuppen auf den Tisch oder Boden klopfen,*
Sonne – *beide Arme nach oben strecken, seitlich herunterführen,*
Hagel – *mit den Fingerknöcheln auf den Tisch oder Boden klopfen,*
Wind – *pusten, Arme dazunehmen,*
Sturm – *kräftiger pusten, Arme heftiger bewegen,*
Schnee – *Finger von oben nach unten bewegen.*

Das Blümchen

Ab 3 Jahre

Das Blümchen schläft im Garten . . . . *Kind liegt zusammengerollt auf dem Boden,*
tief in der Erde Schoß.
Der Regen klopft und weckt es: . . . . *der Erwachsene beklopft es mit den Fingern.*
Wach auf und werde groß!

Das Blümchen reckt und streckt sich,. . . . . *Kind reckt und streckt sich,*
wächst hoch und schlank hinauf!. . . . . *steht auf,*
Die Sonne kommt und wärmt es, ... *der Erwachsene breitet die Arme über das Kind aus,*
bald blüht sein Hütchen auf. . . . . *Kind streckt die Arme nach oben aus.*

Da freut sich unser Blümchen, ... *Kind lacht,*
es wiegt sich froh im Wind . . . . *wiegt seinen Körper hin und her,*
und schwenkt sein gelbes Hütchen . . . . *schwenkt die Arme,*
und grüßt ein jedes Kind. . . . . *winkt.*

Der Erwachsene spricht das Gedicht, während das Kind die angegebenen Bewegungen zum Text ausführt (Rollentausch).

Die Marienkäferfamilie

Ab 3 Jahre

2. Sie haben rote Röckchen an, mit kleinen schwarzen Punkten dran.
   II: Sie machen ihren Sonntagsgang auf unsrer Fensterbank entlang :II
3. Sie wollen auf die Wiese geh'n, wo viele bunte Blumen steh'n.
   II: Sie tanzen ihren Ringelreih'n zuerst allein und dann zu zwein :II.
4. Nun soll der Tanz zu Ende sein, müde sind die Käferlein.
   II: Sie breiten ihre Flügel aus und fliegen ganz geschwind nach Haus :II.
5. Erst fliegt Marienkäferpapa, dann fliegt Marienkäfermama,
   II: und hinterdrein, ganz klitzeklein, Marienkäferkinderlein :II

Daumen und Zeigefinger der rechten Hand sind Marienkäferpapa und -mama, die Finger der linken Hand sind die Marienkäferkinderlein. Die Finger laufen als Marienkäferfamilie über die Fensterbank, den Tisch, Fußboden usw.

Kommt der Frühling in das Land

Kommt der Frühling in das Land (Text und Melodie überliefert)

Ab 3 Jahre

1. Kommt der Frühling in das Land,
fangen alle Leute mit dem Flohfang an . . . . *Mit beiden Händen abwechselnd in die Luft greifen.*
Kommt der Frühling in das Land,
fangen alle Leute mit dem Flohfang an.
Refr. Oh, oh, oh, du armer Floh, ... *Mit dem Zeigefinger drohen,*
hast sechs Beine und du hüpfst nur so. . . . . *6 Finger zeigen, hüpfen,*
Oh, oh, oh, du armer Floh, ... *mit dem Zeigefinger drohen,*
hast sechs Beine und du hüpfst nur so. . . . . *6 Finger zeigen, hüpfen,*

2. II: Kommt der Floh ins Bett hinein, ... *„Komm"-Geste,*
baut er sich ein klitzekleines Nestelein. :II. . . . . *mit der Hand Nest formen.*
Refr. Oh, oh, oh ...

3. II: Macht der Floh den ersten Stich, ... *Mit dem Zeigefinger in den Arm pieksen,*
leckt man sich den Finger und dann kratzt man sich. :II . *am Finger lecken, kratzen.*
Refr. Oh, oh, oh ...

4. II: Wird der Floh beim Stich ertappt, ... *Flohfang-Bewegung,*
wird er gleich gefangen und k.o. gemacht. :II . . . . *in die Hand klatschen.*
Refr. Oh, oh, oh ...

Die Kinder sitzen oder stehen, singen und führen die passenden Bewegungen zum Text aus.

Die schwarze Alma (Text und Melodie überliefert)

Ab 3 Jahre

2. Sie träumt vom Frühling, von grünen Wiesen,
von bunten Blumen, hübsch anzuseh'n.
Singt immer ...

Die Kinder singen das Lied. Bei „Tüdelüdelüt" können sie auch pfeifen, evtl. mit einem „Maienpfeifchen" (Anleitung siehe Seite 15).

Rätsel

Bin gespannt, ob ihr mich kennt?
Ein Vogel, der sich selber nennt.
(Der Kuckuck)

Der Kuckuck und der Esel (Text und Melodie überliefert)

Ab 3 Jahre

2. Der Kuckuck sprach: „Das kann ich!"
Und fing gleich an zu schrei'n.
II: „Ich aber kann es besser," :II
II: „fiel gleich der Esel ein. :II

3. Das klang so schön und lieblich,
so schön von fern und nah.
II: Sie sangen alle beide: :II
II: „Kuckuck, Kuckuck, Ia!" :II

Das Lied im Wechselgesang von Kuckuck und Esel singen.

Kresseköpfe und Maienpfeifchen

Gackerhühner

Ab 6 Jahre

***Material:** leere Kaffee- bzw. Konservendose, Tonkarton, Plakatfarben, Pinsel, Klebstoff, dünner Bindfaden, Harz (Colophonium – erhältlich im Musikgeschäft), Nagel, Hammer*

Herstellung: In die leere Kaffeedose wird in den Boden mit Nagel und Hammer ein Loch geschlagen. Danach wird die Dose mit Plakatfarbe angemalt und getrocknet.
Oben auf der geschlossenen Seite wird aus Tonkarton ein „Kamm" und an der Vorderseite „Schnabel" und „Lappen" angeklebt (siehe Skizze). Den Faden durch das Loch ziehen und innen verknoten. Danach den Faden kräftig mit Harz einreiben.

Und so gackert das Huhn: Schnurende mit einer Hand festhalten, sodass die Dose nach unten hängt.
Mit Daumen und Zeigefinger der anderen Hand am Faden von oben nach unten ruckartig entlangfahren.

Schmetterling

Ab 4 Jahre

***Material:** weißes Kopierpapier, Filz- oder Buntstifte, Schere, 2 mal 1-Centstücke, Klebstoff*

Herstellung: Einen Schmetterling aufmalen und ausschneiden. Auf die Unterseite der Flügel jeweils ein Centstück kleben.

Rätsel

Was fliegt so bunt im Sonnenschein
und kehrt als Gast bei Blumen ein?
(Der Schmetterling)

Den Schmetterling auf dem Finger balancieren und dazu das folgende Lied singen:

Schmetterling, du kleines Ding (Text und Melodie: überliefert)

Kesse Kresseköpfe

Ab 3 Jahre

***Material:* leere Eischalen, Blumenerde, Klorollen, Filzstifte, Kresse- oder Alfalfasamen**

Herstellung: Die Spitze des Eis wird entfernt und das Eiinnere (Eiweiß und Dotter) in eine Schüssel gegeben, um später daraus Rührei oder Omelett (Rezept siehe Seite 90) zu bereiten. Dann wird die große, leere Eierschale vorsichtig mit Blumenerde gefüllt und auf eine leere Klorolle gestellt. Der Kresse- oder Alfalfasamen wird leicht in die Blumenerde gedrückt, mit etwas Wasser angegossen und auf die Fensterbank gestellt. Auf die Vorderseite der Eierschale malen die Kinder ein Gesicht. Schon nach wenigen Tagen wachsen den Eierköpfen die ersten „Kressehaare".

Die kessen Kresseköpfe sind eine schöne Osterdekoration.

Maienpfeifchen

Ab 6 Jahre (mit Hilfe des Erwachsenen)

***Material:* eine glatte Weidenrute, 1 scharfes Messer**

Herstellung: Von einer schönen, glatten Weidenrute nach einer Verästelung ein Stück abschneiden (1). Dann in der Mitte die Rinde rundherum bis auf das Holz einschneiden. Das obere Rindenstück mit einem Holzstück so lange klopfen und dabei vorsichtig drehen, bis sich die Rinde drehen und schieben lässt (2). Nicht weit vom oberen Rand eine Kerbe für das Flötenloch in die Rinde schneiden. Danach das Rindenstück abziehen (3). Nun vom Holzstück ohne Rinde oben ein kleines Stück abschneiden und auf einer Seite abflachen (4). Jetzt die Rindenhülse wieder vorsichtig über das Holz schieben und das abgeflachte Holzstückchen als Mundstück einsetzen (5). Die Flöte ist fertig!

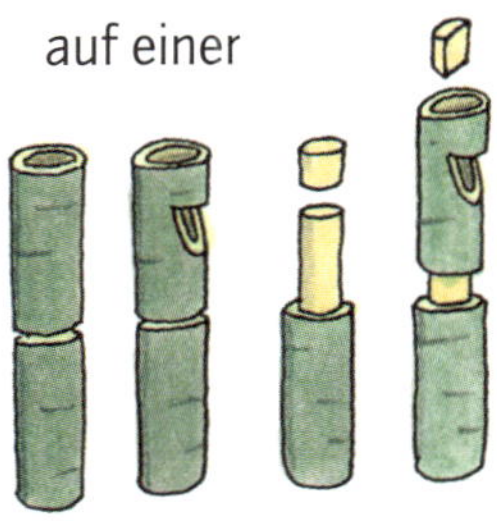

1 2 3 4

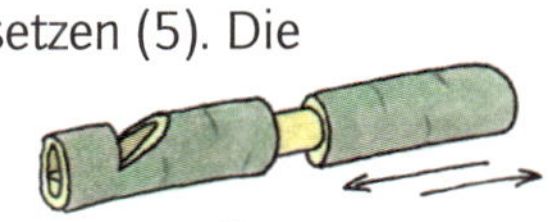

5

Maienkränzchen (Hexentreppe)

Ab 5 Jahre

***Material:* Krepppapier, Schere, Klebstoff, Tacker**

Herstellung: Zwei lange, ca. 1 cm breite Streifen Krepppapier abschneiden und deren Enden so zusammenkleben, dass sie einen rechten Winkel bilden (1). Den linken Streifen nach vorn über den rechten Streifen falten, sodass sich wieder ein rechter Winkel bildet. Diesmal zeigt die Spitze nach links (2). Den oberen Streifen von rechts nach links über den unteren Streifen falten, die Spitze zeigt nun nach oben (3). Den rechten Streifen über den linken nach hinten legen, die Spitze zeigt nach rechts (4).
Den unteren Streifen nach hinten rechts über den oberen Streifen falten, nun ist die Spitze wieder unten, so wie auf der obersten Zeichnung zu sehen (1).
Wenn ein Streifen zu Ende ist, wird einfach ein neuer Streifen angeklebt. Wenn die Hexentreppe ca. 50 cm lang ist, werden die Enden mit dem Anfangsstück zusammengeheftet. Die herabhängenden Enden des Krepppapiers mit der Schere in schmale Streifen schneiden, sodass sie herumflattern können.

Tipp: Hexentreppen sind vielseitig einsetzbar als Geburtstagskränzchen, Faschingsgirlande, Weihnachtsbaumschmuck, Mobile

1 2 3 4

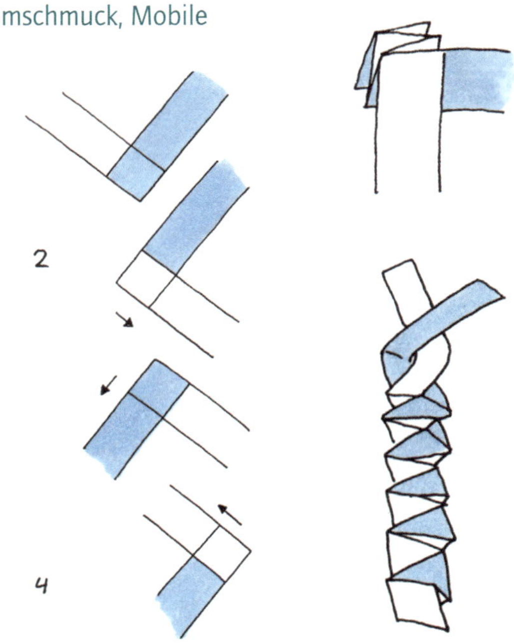

Hopse und Gummitwist

Kreiseldrehen

Ab 6 Jahre (mit Hilfe des Erwachsenen)

Material: Sperrholz, Rundstab, Laubsäge, Bohrer, Zirkel, Feile, Farbe, Pinsel, Lack

Herstellung: Mit dem Zirkel einen Kreis zwischen 4 und 10 cm Durchmesser ziehen. Entlang dieser Linie aussägen und die Kanten schmirgeln. Genau in die Mitte ein Loch bohren, bei kleinen Kreiseln mit einem Durchmesser von 4 bis 6 mm, bei großen 8 bis 10 mm. Von einem Rundstab, dessen Durchmesser circa 2 mm größer sein muss als das gebohrte Loch, ein Stück absägen. Das Stäbchen an einem Ende circa 3 cm lang mit einer Feile anspitzen, die Spitze abstumpfen und glatt schmirgeln. Den Kreisel bunt bemalen, lackieren und das Stäbchen so in das Loch hineindrücken, dass es festklemmt.

Draußen auf einem glatten Untergrund mit Kreide einen Kreis malen, der in 10 ungleiche Segmente geteilt ist. Das größte zählt einen Punkt, das kleinste zehn Punkte. Der Spieler erhält die Punktzahl des Segmentes, in dem der Kreisel liegen bleibt.

Gummitwist-Schmetterling

Ab 6 Jahre

Material: 4 m langes Gummiband

Das Gummi wird wie eine 8 auf den Boden gelegt und zwei Spieler stellen sich in je eine Hälfte. Einer grätscht die Beine weit, der andere stellt die Füße eng zusammen, sodass zwei unterschiedlich große Felder entstehen (siehe Skizze). Der springende Spieler stellt sich in das kleine Feld. Sobald die stehenden Spieler rufen: „Schmetterling, Schmetterling, flieg!" wechseln sie die Fußstellung, d. h. derjenige, der die Beine gegrätscht hatte, stellt sie nun nah zusammen und umgekehrt. Die Aufgabe des springenden Spielers ist es nun, in das plötzlich sehr kleine gegenüberliegende Feld zu springen, ohne das Gummi zu berühren!

Ochs am Berge, eins, zwei, drei

Ab 5 Jahre

Der Ochs steht mit dem Gesicht zur Wand und mit dem Rücken zu den anderen Mitspielern, die etwa 10 Meter entfernt in einer Reihe nebeneinanderstehen. Während der Ochs ruft: „Ochs am Berge, eins, zwei, drei!" setzen sich die Mitspieler in Bewegung. Bei „drei" dreht sich der Ochs plötzlich um. Wird ein Mitspieler in der Bewegung überrascht, muss er drei Schritte zurückgehen. Wer unbemerkt bis zum Ochsen vorkommt, ist in der nächsten Spielrunde der neue Ochs.

Kuckuck ruft aus dem Wald

Ab 3 Jahre

Material: Ein Ball

Alle Mitspieler stehen im Kreis und geben sich Vogelnamen. Der Kuckuck steht mit einem Ball in der Mitte und ruft: „Die Meise ruft aus dem Wald!" Dabei wirft er den Ball in die Luft und die Meise muss versuchen, den Ball zu fangen. Danach stellt sie sich in die Kreismitte, wirft den Ball und nennt einen weiteren Vogelnamen.

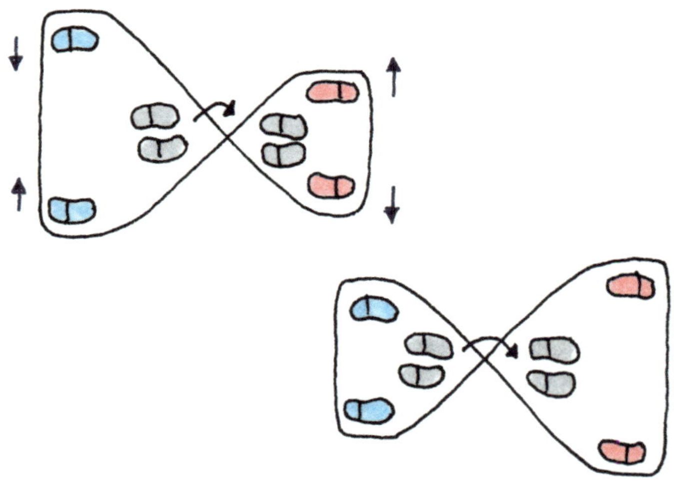

Hopse-Dropse

Ab 6 Jahre

Material: Springseil

Das Schwungseil wird von zwei Standspielern gedreht. Ein Springer hopst hinein und die beiden Standspieler sprechen im Rhythmus des Seils abwechselnd jeder eine Verszeile, bis sie am Ende mit dem Zählen beginnen. Hier kann getestet werden, wie lange der Springer hopsen kann. Macht er einen Fehler, wird ein Standspieler zum Springer.

Rote Bonbons ess ich gern, Lakritze aber lieber.
Gummibärchen mag ich gern, immer immer wieder.
Lutsche Dropse, hopse, hopse.
Hops so lang, wie ich zählen kann:
1, 2, 3, 4 ...

Tipp: Ein einzelner Spieler kann den Vers auch sprechen und ausprobieren, wie lange er mit seinem Springseil hopsen kann.

Schnipsen

Ab 6 Jahre

Material: Straßenkreide, Bohnen oder Haselnüsse, Murmeln etc.

An einer Mauer oder Häuserwand wird auf dem Bürgersteig ein ca. 20 x 20 cm großer Kasten mit Kreide aufgezeichnet und 3 Meter davor eine „Wurflinie". Die Mitspieler einigen sich zunächst über den Mindesteinsatz, z. B. 2 Murmeln. Die Spieler versuchen nun der Reihe nach von der Wurflinie aus ihre Murmeln im Kasten zu landen. Wem es gelingt, darf „schnipsen", d. h. die Murmeln, die außerhalb des Kastens liegen, durch Schnipsen mit Daumen und Zeigefinger in den Kasten hineinmanövrieren. Gelingt es nicht mit einem „Schnipser", ist der nächste Spieler an der Reihe. Der Spieler, der als Letzter geschnipst hat, darf den Kasteninhalt behalten.

Mutter, wohin darf ich reisen?

Ab 5 Jahre

Alle Mitspieler stehen in einer Reihe nebeneinander. Etwa 10 Meter gegenüber an einer Wand steht die „Mutter" mit dem Rücken zu den Spielern. Nacheinander fragen nun die Spieler: „Mutter, wohin darf ich reisen?" Worauf die Mutter z. B. antwortet: „Nach Amerika!", darauf der Spieler: „Welche Schritte?". Die Mutter nennt dann die Zahl (Anzahl der Silben) und die Art der Schritte, z. B. Mäuse- oder Elefantenschritte. Im Laufe des Spiels verliert die Mutter die Übersicht über die Position der Mitspieler, da sie keinen Blickkontakt aufnehmen darf. Wer die Mutter als Erster erreicht, darf in der nächsten Spielrunde Mutter sein.

Wilde Frühlingsküche

Frühlingsrolle

Ab 6 Jahre

Zutaten:** **Pro Frühlingsrolle etwa 20 g Fleisch und 20 g Gemüse und Sprossen. Die Mengenangabe gilt für Teigplatten der mittleren Größe (Tiefkühl-Fertigteig aus dem Asiashop, meist in Packungen zu je 20 Blatt). 250 g Hühnerfleisch, gekocht, 3 Karotten, 1 Dose Bambussprossen, 1 Dose Sojabohnenkeime, 3 Lauchzwiebeln, 4 Esslöffel Sojasoße, Hühnerbrühe, Zucker, Salz, Pfeffer, Knoblauch, Öl zum Ausbraten im Wok oder in der Friteuse

Zubereitung: Zutaten klein schneiden und mit dem vorgekochten Hühnerfleisch mischen.
Knoblauchzehen zerdrücken und mit den anderen Gewürzen unter die Mischung geben. Alles im Wok in wenig Öl leicht anbraten, danach in einer Schüssel abkühlen lassen.
Teig auftauen lassen, bis sich die Blätter einzeln abziehen lassen.
Aus je einem Blatt Teig und entsprechender Füllmenge Rollen formen (mit weißem Mehl verkleben).
In flüssigem Fett ausbacken.

Achtung: Das Ausbacken der Frühlingsrollen übernimmt ein Erwachsener.

Rätsel

Will sehen, wer das weiß:
Es brennt und ist nicht heiß?
(Die Brennnessel)

Brennnesselsalat (für 2 Esser)

Ab 5 Jahre

***Zutaten: 80 g kleine, junge Brennnesseltriebe (nur mit Handschuhen pflücken), 1 Salatgurke
Für die Salatsoße: 2 Esslöffel Öl, 1 Esslöffel Zitronensaft, 1 Esslöffel saure Sahne, Salz, eine Prise Zucker, 2 Teelöffel geriebene Zwiebel***

Zubereitung: Brennnesseln gut abspülen, fein hacken. Salatgurke hobeln. Beides mit einer Soße aus den angegebenen Zutaten anmachen.

Rätsel

Welcher Zahn beißt nicht?
(Der Löwenzahn)

Löwenzahnauflauf „bissig"

Ab 6 Jahre

Zutaten: 700 g Löwenzahn, 1 Zwiebel, 1 gehäufter Esslöffel Butter, 1 Tasse Gemüsebrühe, Salz und Pfeffer, 100 g geriebener Gouda, 3 bis 4 Esslöffel flüssige Butter

Zubereitung: Die Löwenzahnblätter gründlich waschen, abtropfen und die Stängel einmal halbieren. Die Zwiebel hacken, in der Butter andünsten. Das Gemüse hinzufügen, nochmals kurz dünsten und mit der Gemüsebrühe ablöschen. Etwa 15 Minuten köcheln lassen. Mit Salz und Pfeffer würzen, dann in eine Auflaufform geben, mit Käse bestreuen und mit der flüssigen Butter übergießen. Im vorgeheizten Backofen bei 250 Grad 5 Minuten überbacken.

Sprossenrollen

Ab 4 Jahre

***Zutaten:** große Blätter vom Eisbergsalat, 300 g Möhren, 2 Äpfel, 2 Tassen verschiedener Sprossen, 3–4 Esslöffel gemahlene Haselnüsse, 200 g Frischkäse oder Quark, Salz und Pfeffer*

Zubereitung: Die Blätter des Eisbergsalats waschen. Möhren und Äpfel waschen, reiben und mit den Sprossen, den Haselnüssen und dem Frischkäse vermischen. Mit Salz und Pfeffer abschmecken. 2 Esslöffel dieser Füllung auf ein großes Salatblatt geben, wie ein Päckchen zusammenrollen und mit einem Zahnstocher zusammenstecken.

Am Zahnstocher können noch selbst gemalte, ausgeschnittene Blumen angebracht werden.

Radieschensalat

Ab 4 Jahre

***Zutaten:** 2 Bund Radieschen, Salz, 150 g Gouda, 2 hart gekochte Eier, 1 Bund Schnittlauch*
***Für die Marinade:** 1 Teelöffel Senf, 2 Esslöffel Zitronensaft, 4 Esslöffel Öl, etwas Zucker, Salz, Pfeffer*
***Zum Garnieren:** 8 Blätter Kopfsalat, 3 Stängel Petersilie*

Zubereitung: Radieschen putzen, waschen, in Scheiben schneiden, in eine Schüssel geben und etwas salzen. Käse in 2 cm lange Streifen schneiden, Eier schälen und in Scheiben schneiden. Käse und Eier mit den Radieschen mischen. Aus den angegebenen Zutaten eine Marinade herstellen, über den Salat gießen und klein geschnittenen Schnittlauch drüberstreuen. Eine Schüssel mit den Salatblättern auslegen, den Salat einfüllen und mit Petersilie garnieren.

Vögel backen

Ab 5 Jahre

***Zutaten:** 500 g Vollkornmehl, ½ Teelöffel Salz, ¼ Liter Milch, 30 g Hefe, 100 g Butter, 50 g Rohrzucker, 1 bis 2 Eier*

Zubereitung: Aus den angegebenen Zutaten einen Hefeteig herstellen und 30 Minuten gehen lassen. Den fertigen Teig in vier Portionen teilen. Aus jeder Portion eine kleine Kugel (Vogelkopf) formen und eine Wurst rollen, die in eine Schlinge gelegt wird (siehe Skizze). In die Teigkugel zwei Rosinen als Augen und zwei Mandelsplitter als Schnabel stecken und auf die Teigschlinge setzen. Auf diese Weise vier Vögel formen.
Im Backofen bei 200 Grad auf der mittleren Schiene 15 Minuten backen.

Maibowle

Ab 3 Jahre

***Zutaten:** 1 Liter Apfelsaft, ca. 10 Stängel Waldmeister, 1 Liter Mineralwasser*

Zubereitung: Ein Sträußchen Waldmeister, der noch nicht blüht, gut waschen und in den Apfelsaft hängen. Einige Stunden ziehen lassen, herausnehmen und kohlensäurehaltiges Mineralwasser aufgießen.

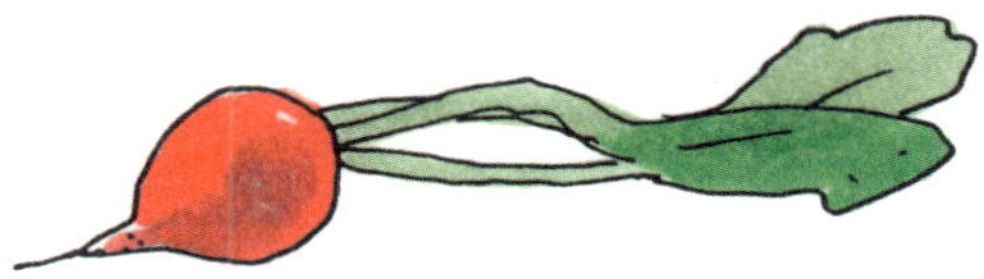

Dem Frühling auf der Spur

Zaubertulpen

Ab 6 Jahre

***Material:** 1 weiße Tulpe, 1 Glas Wasser, blaue Tinte, Messer*

Herstellung: Den Stängel einer jungen, weißen Tulpe einige Zentimeter tief einschneiden. Ein Glas Wasser mit blauer Tinte oder Lebensmittelfarbe mischen und die Tulpe hineinstellen. Nach 3 bis 4 Stunden ist aus der weißen Tulpe eine blau gestreifte geworden.

Im Tulpenstängel, in den Blättern und in der Blüte sind kleine unsichtbare Röhrchen, durch die die Tulpe mit Wasser versorgt wird. Die blaue Farbe macht diese Röhrchen sichtbar.

Der Frühling ist da

Der Frühling kommt mit großem Schritt,
bringt Sonnenschein und Regen mit.
Was sprießt und blüht von früh bis spät,
wurd' letzten Herbst schon ausgesät.

Gummi-Ei

Ab 6 Jahre

***Material:** ein Glas, ein rohes Ei, Essigessenz*

Herstellung: Ein rohes Ei wird in ein Glas mit Essigessenz gelegt. Nach kurzer Zeit schon bilden sich auf der Eierschale zahllose Bläschen, ein Zeichen dafür, dass etwas mit der Schale geschieht. Eierschalen sind aus Kalk, der Essig löst die Kalkschale auf. Nach drei bis zwölf Stunden ist die Eierschale ganz verschwunden, nur das zarte Eihäutchen, das unter der Schale ist, hält das Ei noch zusammen.
Nach diesem Prozess das Ei gründlich abspülen. Hält man es gegen das Licht, ist deutlich zu erkennen, wie das Dotter im Eiklar schwimmt.

Das verzauberte Gummi-Ei kann selbstverständlich nach der Zaubervorführung als Spiegelei gebraten werden.

Bohnenzelt

Ab 3 Jahre, mit Hilfe eines Erwachsenen

***Material:** 10 Weidenstangen, ca. 2 m lang; Feuerbohnen (bewährt hat sich die Sorte Rotblühender Preisgewinner)*

Herstellung: An einer sonnigen Stelle im Garten werden die Weidenstangen im Kreis gegeneinandergestellt, oben zusammengebunden und unten 10 cm eingegraben (der Abstand zwischen den Stangen ca. 80 cm). Wenn kein Frost mehr zu erwarten ist (meist Mitte Mai), wird um jede Stange ein kleiner Graben gezogen, mit Komposterde gefüllt und 6 bis 8 Bohnenkerne flach in die Erde gesteckt. (Bevor Bohnen ins Freie kommen, können sie auch im Blumentopf auf der Fensterbank vorgezogen werden.) Ein Frost wäre schädlich für die Saat. Bohnen keimen nicht in nasskalter Erde und faulen dort schnell. Stangenbohnen brauchen eine gute Ernährung und Feuchtigkeit. Regelmäßig gießen, auch die Blüten und Blätter besprühen. Bereits vor der Gemüseernte schmücken die schönen roten Blüten der Feuerbohne das Bohnenzelt, ein idealer Spielort für Kinder.

Fensterbank-Garten

Ab 3 Jahre

***Material:** Obststiegen aus Holz, Blumenerde, Haushaltsfolie, Steine, Naturmaterialien, Spielfiguren; Weizenkörner, Kressesamen, Alfalfasamen, Schnittlauch- oder andere Kräuterpflanzen*

Herstellung: Anfang April legen sich die Kinder Fensterbank-Gärten an. Dafür wird eine flache Obstkiste mit Haushaltsfolie ausgelegt und bis zur Hälfte mit Blumenerde gefüllt.
Nun können die Kinder entscheiden, wie sie ihren Garten aufteilen möchten. Weizenkörner, Kresse- oder Alfalfasamen werden ausgelegt und dünn mit Erde bedeckt. Die Kräuterpflanzen können mitsamt der Topferde in den Mini-Garten gepflanzt werden.

Stehen die Gärten hell und warm und werden sie (regel)mäßig gegossen, kommen die ersten Keime schon nach zwei bis fünf Tagen ans Licht. Mit kleinen Spielfiguren und Naturmaterialien können die Kinder ihren Garten gestalten (Höhlen, Hütten, Wege bauen ...) und in ihr Spiel einbeziehen.

Wenn die Weizenhalme zu stark gewachsen sind, können sie ins Freiland gepflanzt werden.

Grüne Hände

Ab 3 Jahre

Material: Schaufel, kleiner Rechen, Samen von schnell wachsenden Gräsern oder Kräutern (z. B. Kresse, Streuweizen), Plastikschildchen, Schaschlikstäbe, wasserfeste Filzstifte

Herstellung: Jedes Kind bekommt einen Platz auf einem frisch bereiteten Beet. Mit einem Stöckchen überträgt jeder die Umrisse seiner Hände auf die feinkrümelige Erde. Dann werden auf diese „Erd-Hände" Samen von schnell wachsenden Kräutern oder Gräsern gestreut und mit einer dünnen Erdschicht bedeckt. Vorsichtig werden die Stellen gewässert, damit die Samen nicht wegschwimmen. Namensschilder an Schaschlikstäben geben Auskunft, wessen Hände hier begrünt wurden. Die Kinder beobachten, wie die Samen sprießen, wachsen und die Pflänzchen sich entwickeln.

Ein Heim für Hummeln

Ab 6 Jahre

Material: Schaufel, Sägespäne, Blumentopf, Holz- oder Plastikplatte

Herstellung: Im Garten ein Loch in die Erde graben (circa 10 bis 12 cm tief, mit einem Durchmesser von circa 20 cm). Die Stelle sollte sehr sonnig sein und in der Nähe von blühenden Pflanzen liegen.
Das Loch wird mit Sägespänen ausgestreut. Dann wird ein kleiner Blumentopf mit Bodenloch mit der großen Öffnung nach unten auf die Sägespäne gestellt und die Grube rund um den Topf wieder mit Erde aufgefüllt. Der Topfboden mit dem Loch muss am Ende ebenerdig eingegraben sein. Nun muss noch eine Abdeckplatte aus Holz oder Kunststoff einige Zentimeter über der Erdhöhle anbracht werden, damit sie vor Regenwasser geschützt ist. Dazu werden vier etwa gleich hohe Steine im Quadrat um das Erdloch mit einer Platte darauf gelegt.

Beobachtungshinweis: Hummelweibchen überwintern in Schlupfwinkeln und kommen, sobald es wieder wärmer geworden ist, heraus, um nach einem Nistplatz für ihre Brut zu suchen. Besonders gerne legen sie ihre Nester in unterirdischen Bodenlöchern an. Mit etwas Glück können die Kinder dann beobachten, dass Hummeln oder andere Wildbienen in ihr neues Heim einziehen.

Weitere Infos:

Jedes Jahr startet die Naturschutzjugend (NAJU) des Naturschutzbundes ihre Kampagne „Erlebter Frühling". In diesem Naturerlebniswettbewerb sind alljährlich Kinder von 6 bis 13 Jahren aufgefordert, einen bestimmten Lebensraum und die darin lebenden vier Frühlingsboten zu entdecken.
www.erlebter-fruehling.de

Sommerzeit 1.2

Kinder spielen im Sommer gerne draußen, sei es auf dem Spielplatz, im Park oder im Garten. Ungehindert toben und rennen, die Natur erfühlen, erriechen, erschmecken und erlauschen, das eröffnet den Raum für vielfältige Erlebnisse.

Leider sind die Spielräume nicht immer so geschaffen, dass Kinder dort Erfahrungen mit all ihren Sinnen machen können. Aber mit ein wenig Fantasie lassen sich „Nischen" schaffen, in denen sie kleine Abenteuer erleben und die Elemente Luft, Wasser, Erde und Feuer erfahren können, z. B. durch den Bau eines „Bohnenzeltes", eines „Aussichtsturms", einer Wasser-, Matsch- oder Feuerstelle.

Sommerliches Sonnenwetter lädt zu vielfältigen Aktivitäten im Freien ein; dabei sollten Eltern darauf achten, dass sich die Kinder gut geschützt in der Sonne bewegen: Leichte, weite Kleidung, Sonnenhut – möglichst selbst gebastelt! – und Sonnenbrille schützen vor der aggressiven UV-Strahlung, ebenso wie ein Sonnenschutzmittel mit ausreichend hohem Lichtschutzfaktor (das aufzutragen ist, bevor die Kinder ins Freie gehen). Wenn im Frühsommer allmählich die Temperaturen steigen, erhöhen sich, je nach Sonnenschein und Wetterlage, auch die Ozonwerte – und das kann krank machen. Empfindliche Kinder reagieren mit Augenreizungen und Atemwegsbeschwerden. Tobestunden in der Mittagshitze sind dann tabu – aber wie wär's mit der Vorbereitung für ein Feierabendpicknick? Mit Marmelade, Brötchen und Kirschsaft – alles selbst hergestellt! Und in den kühleren Abendstunden steht dann nach dem Picknick auch wilden Wasserspielen nichts mehr im Wege.

Mit einfachen Experimenten können bereits jüngere Kinder Erfahrungen mit Sonne, Wärme, Hitze sammeln – und Verständnis entwickeln für die „Schattenseiten" des Sommers. Und irgendwann gehen die Hundstage dann ja auch einmal vorbei. Die Hitze entlädt sich in einem Sommergewitter, Regen fällt, den Pflanzen tut das gut – und auch die Menschen sind dankbar für die Abkühlung.

Ich bin der Sommer

Grüß Gott! Erlaubt mir, dass ich sitze.
Ich bin der Sommer, spürt ihr die Hitze?
Kaum weiß ich, was ich noch schaffen soll,
die Ähren sind zum Bersten voll;
reif sind die Beeren, die blauen und roten,
saftig sind Rüben und Bohnen und Schoten.

So hab ich ziemlich wenig zu tun,
darf nun ein bisschen im Schatten ruh'n.
Duftender Lindenbaum,
rausche den Sommertraum!
Seht ihr die Wolke! Fühlt ihr die Schwüle?
Bald bringt Gewitter Regen und Kühle.

(Paula Dehmel)

Oh, Verzeihung, sagte die Ameise

Die Sonne

3 bis 5 Jahre

Groß ist die Sonne,	*Mit den Armen die Sonne groß in die Luft malen*
hell und warm ihr Schein,	
keiner könnte ohne Sonne sein.	
Eine dicke Wolke hat sie zugedeckt.	*Hände vor das Gesicht halten*
Doch schon ruft sie: „Da bin ich!	*Hände schnell vom Gesicht wegnehmen*
Ich hab mich nur versteckt!"	

Oh, Verzeihung, sagte die Ameise (von Josef Guggenmos)

Ab 4 Jahre

„Es war an einem sonnigen Sommertag. Auf einem großen Ameisenhaufen am Waldrand wimmelten und wuselten zehntausend Ameisen durcheinander. Unter diesen zehntausend Ameisen gab's eine, die war besonders höflich. Sooft sie in dem Gewimmel einer andern auf die Zehen trat, sagte sie: „Oh, Verzeihung!" Die höfliche Ameise war eben dabei, von hoch oben den Berg hinunterzulaufen, um eine neue Tannennadel zu holen. Dabei konnte sie keinen Schritt tun, ohne einer oder zwei andern auf die Zehen zu treten, und so musste sie es tausendmal hintereinander sagen, ganz schnell: „Oh, Verzeihung! Oh, Verzeihung! Oh, Verzeihung! Oh, Verzeihung! Oh, Verzeihung! Oh, Verzeihung! Oh, Verzeihung! Oh, Verzeihung! Oh, Verzeihung! Oh, Verzeihung!"
Als die höfliche Ameise den Berg hinunter war, war sie von dem vielen Oh-Verzeihung-Sagen so erschöpft, dass sie sich erst einmal hinsetzen und verschnaufen musste. Dann ging sie, eine Tannennadel zu suchen. Aber wie wird das erst geworden sein, als sie die Tannennadel den Berg hinaufschaffen musste und dabei nicht nur mit den Zehen, sondern auch mit dem langen Stück links und rechts und rechts und links an andern anstieß: „Oh, Verzeihung! Oh, Verzeihung! Oh, Verzeihung!..."

Die Kinder spielen diese Geschichte im Freien nach. Dazu balancieren alle als Ameisen in einer Richtung über liegende Baumstämme, während die höfliche Ameise den anderen Ameisen entgegengeht, ihnen ausweichen muss und dabei ständig „Oh, Verzeihung!" sagt.
Erweitert wird das Spiel durch den Transport leichter Zweige oder/und mehrere höfliche Ameisen.

Fleißige Ameisen

Ab 3 Jahre

Kribbel, krabbel, da kriecht eine Ameise her,
die trägt einen Zweig, der ist so schwer.
Die zweite Ameise fasst mit an,
nun krabbelt auch die dritte heran.
Die vierte sagt: „Ich helfe euch",
die fünfte packt mit an zugleich.
Gemeinsam sind sie voller Kraft
und haben den Zweig bald fortgeschafft.

Nacheinander versuchen die Finger der rechten Hand, den Daumen der linken Hand fortzubewegen. Zum Schluss gelingt es, wenn alle anpacken.

Guten Tag, liebe Sonne

Ab 4 Jahre

Fünf Fingerlein, die schlafen fest	*Eine Faust in den Schoß legen.*
wie Vögelein in ihrem Nest.	
Sie haben geschlafen die ganze Nacht	*Schnarchgeräusche machen.*
und sind auch am Morgen nicht aufgewacht.	
Da lacht die Sonne vom Himmel herunter.	*Finger der anderen Hand spreizen.*
Der Daumen, der Dicke,	
wird als Erster munter.	*Mit dem Daumen wackeln.*
Er reckt sich und streckt sich, dann ruft er erfreut:	
„Guten Tag, liebe Sonne, schön ist es heut!"	
Dann klopft er dem Nachbarn	
auf die Schulter ganz sacht:	*Daumen tippt auf den Zeigefinger.*
„He, Kinder, aufgewacht!"	
Der Zeigefinger ruft:	*Zeigefinger strecken.*
„Was soll das heißen?	
Mich so aus dem Schlaf zu reißen!"	
Dann sieht er die Sonne und ruft erfreut:	
„Guten Tag, liebe Sonne, schön ist es heut!"	
Da haben die beiden getanzt und gelacht,	*Daumen u. Zeigefinger wackeln hin und her,*
davon sind die anderen ~~auch~~ aufgewacht.	*alle Finger der Hand strecken,*
Dann rücken sie alle und rufen erfreut:	*winken.*
„Guten Tag, liebe Sonne, schön ist es heut!"	

Trarira, der Sommer, der ist da

Trarira (Text und Melodie überliefert)

Ab 3 Jahre

2. Trarira, der Sommer, der ist da.
   Wir wollen zu den Hecken
   und woll'n den Sommer wecken.
   Ja, ja, ja, der Sommer, der ist da.

3. Trarira, der Sommer, der ist da.
   Der Sommer hat gewonnen,
   der Winter hat verloren.
   Ja, ja, ja, der Sommer, der ist da.

Die Mitspieler bilden einen Kreis, singen und rhythmisieren den Liedtext durch Klatschen. Zur letzten Zeile einmal um die eigene Achse drehen.

Summer is coming (Text und Melodie überliefert)

Ab 5 Jahre

Bei Cuckoo/Kuckuck können körpereigene (schnipsen, klatschen) oder selbst hergestellte Instrumente eingesetzt werden.

Sonnenkappe und Regenmacher

Riesenseifenblasen

6 bis 8 Jahre, mit Hilfe des Erwachsenen

***Material für die Seifenblasenlauge:** 1 kleine Tasse warmes Wasser, 5 Esslöffel Neutralseife, 1 Teelöffel Kleister, 4 Esslöffel Zucker, 9 kleine Tassen kaltes Wasser, 2 Esslöffel Glycerin*
***Material für den Seifenblasenring:** 1 großer Drahtbügel aus der Reinigung, 1 langer Schnürsenkel aus Baumwolle, Spitzzange*

Herstellung: Eine kleine Tasse warmes Wasser, Neutralseife, Kleister und Zucker gut verrühren und einen ganzen Tag ruhen lassen. Danach das kalte Wasser und Glycerin dazugeben und nochmals gut umrühren. Mit der Spitzzange den Kleiderbügel aufbiegen und den hohlen Schnürsenkel vorsichtig drüberziehen (dadurch haftet mehr Lauge am Ring, die Seifenblasen werden stabiler). Den bezogenen Draht um einen runden Gegenstand (z. B. Topf) mit circa 20 cm Durchmesser biegen und die Enden zu einem Stiel zusammendrehen.

Die Lauge in ein flaches Gefäß gießen (z. B. Blumentopf-Untersetzer), Ring eintauchen, langsam durch die Luft ziehen und schon schwebt eine Riesenseifenblase durch die Luft.

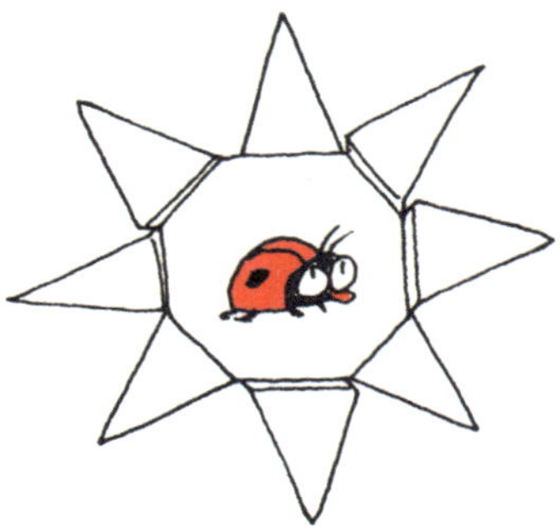

Seerose

Ab 4 Jahre

***Material:** Faltpapier, Buntstifte, Schere*

Herstellung: Eine Seerose mit vielen Blütenblättern aufmalen. In die Mitte der Blume kann auch noch ein Käfer oder eine Biene gemalt werden. Danach wird die Seerose ausgeschnitten und die Blütenblätter werden alle so gefaltet, dass der Käfer oder die Biene zugedeckt sind. Wenn die Seerose in eine Schüssel mit Wasser gelegt wird, klappen die Blütenblätter nach oben und der Käfer ist zu sehen.

Regenmacher

6–8 Jahre

***Material:** eine Pappröhre (Durchmesser 6 bis 8 cm, 50 bis 80 cm lang), 3 bis 4 cm lange Nägel, Hammer, Pappreste, Klebeband, Kies, Granulat, Sand o. Ä.*

Herstellung: Auf der Pappröhre wird eine diagonale Linie von einem zum anderen Ende der Röhre mit einem Abstand von ca. 3 cm gezeichnet. Auf dieser Linie werden Nägel im Abstand von ca. 2 cm eingeschlagen. Dann wird das eine Ende der Röhre mit einem Pappkreis und Klebeband verschlossen und mit Steinchen o. Ä. gefüllt. Nun wird das andere Ende zugeklebt. Beim langsamen Drehen der Röhre ertönt ein Geräusch, das an Regen erinnert. Die Röhre kann zusätzlich farbig gestaltet werden.

Eislöffelklimper

Ab 6 Jahre

***Material:** 3 Nägel (13 cm lang), 6 Krampen, 3 Plastikeislöffelchen, 1 Holzbrettchen (12 x 6 cm), leere Konservendose*

Herstellung: Jeweils 3 Krampen mit etwas Abstand auf den beiden schmalen Seiten des Holzbrettchens so einschlagen, dass die Nägel daruntergeschoben werden können. Die Eislöffelchen nebeneinander unter dem mittleren Nagel durchziehen. Als Klangverstärker den fertigen Eislöffelklimper auf eine leere Konservendose legen. Die Löffelchen leise anzupfen, schnarren oder knallen lassen oder mit dem Zeigefinger über alle Löffelchen streichen.

Lustige Sonnenbrillen

Ab 4 Jahre

Material:** **farbiges Zellophanpapier oder Transparentpapier, weißer Karton, Schere, Prickelnadel, Prickelunterlage, Bunt- oder Filzstifte, Klebstoff, Glitter

Herstellung: Die runde Brille auf weißem Karton vorzeichnen. Um sicher zu gehen, dass die Brille auch wirklich passt, vorher den Abstand von Auge zu Auge und von den Augen zu den Ohren mit einem Maßband abmessen. Die Brille und besonders die Löcher für die Augen vorsichtig ausschneiden bzw. ausprickeln.
Die Augenlöcher von hinten mit Klebstoff bestreichen und mit dem Zellophan- oder Transparentpapier hinterkleben. Reste, die überstehen, abschneiden. Die Brille bemalen, zusätzlich mit ausgeschnittenen Motiven oder Glitter bekleben.

Die Grundform der Brille kann beliebig verändert werden, z. B. als Dreieck, Quadrat, Schmetterling, Herz u. a.

Flatterball

Ab 3 Jahre

Material: ein Softball, eine bunte Zellstoffserviette, Luftschlangenreste oder bunte Stoffbänder, Paketband

Einen Softball zusammen mit Luftschlangenresten oder bunten Stoffbändern in eine Serviette binden und fertig ist der Flatterball, der schon von jüngeren Kindern ganz leicht durch die Luft geworfen werden kann.

Seifentiere

Ab 5 Jahre

Material: ein gekauftes Seifenstück, Küchen- oder Taschenmesser, Besteckmesser, Bleistift, Dorn, evtl. Baumwollkordel, Schälchen für die Abfälle

Mit dem Bleistift die Umrisse einer Tierfigur o. Ä. aufzeichnen und mit dem Messer die Form schnitzen. Augen mit einem Dorn herausdrehen. Überstehendes mit dem Besteckmesser vorsichtig abschaben. Das Seifentier kann mit einer Kordel versehen werden: Bohrt man mit dem Dorn ein Loch in das Seifentier und zieht eine Baumwollkordel hindurch, kann es an der Badewanne aufgehängt werden.

Die Seifenreste werden in einen Stoffbeutel gefüllt und als Duftsäckchen im Wäscheschrank aufbewahrt.

Sonnenkappen

Ab 5 Jahre

Material: weiße Schirmmütze aus Baumwolle für Kopfumfang bis 53 cm, Textilstifte (beides im Handel erhältlich)

Herstellung: Jedes Kind bemalt die Schirmmütze nach seinen eigenen Vorstellungen. Ältere Kinder können ihren Namen daraufschreiben, ihren Comichelden oder die Fahne bzw. das Logo ihrer Lieblingsmannschaft. Die Textilstifte können wie Filzstifte verwendet werden. Um die Farbe waschfest zu bekommen, werden die Kappen nach dem Bemalen mit Hilfe des Erwachsenen ohne Dampf gebügelt.

Wer hat Angst vorm Wassermann?

Ab 4 Jahre

Material: Spritzflaschen, Wasser

Dieses Spiel eignet sich hervorragend zur erfrischenden Abkühlung an heißen Sommertagen. Zunächst wird der Fänger bzw. der Wassermann bestimmt. Jeder Mitspieler trägt ein trockenes T-Shirt und füllt eine Spritzflasche mit Wasser, die aber noch an den Spielfeldrand gestellt wird.
Der Wassermann, der den „Schwimmern" in einem gewissen Abstand gegenübersteht, ruft:

„Wer hat Angst vorm Wassermann?"
Die „Schwimmer" rufen: „Niemand!"
Wassermann: „Wenn er aber kommt?"
„Schwimmer": „Dann schwimmen wir!"

worauf alle loslaufen, um auf die gegenüberliegende Seite zu gelangen. Der Wassermann muss dabei versuchen, einen Schwimmer mit seiner Spritzflasche nass zu spritzen. Wer getroffen ist, hilft in der nächsten Spielrunde mit seiner Spritzflasche dem Wassermann, weitere Schwimmer zu erwischen. Das Spiel endet, wenn alle Schwimmer getroffen wurden oder die Spritzflaschen leer sind.

Fischer, wie tief ist das Wasser?

Ab 4 Jahre

Der Fischer und die übrigen Mitspieler stehen sich mit Abstand gegenüber und rufen den folgenden Dialog:

„Fischer, wie tief ist das Wasser?"
„Hundert Meter tief!"
„Wie kommt man darüber?"
„Ihr müsst schwimmen!"

Die Mitspieler bewegen sich nun mit Schwimmbewegungen auf die gegenüberliegende Seite, während der Fischer versucht, sie zu fangen. Fängt er einen, ist dieser in der nächsten Spielrunde der Fischer oder die Gefangenen werden zu Hilfsfischern.

Luftballons schleudern

Ab 5 Jahre

Material: große Geschirrtücher, Luftballons, evtl. Wasser

Jeweils zwei Spieler halten ein Geschirrtuch an allen vier Ecken gespannt. Ein aufgeblasener Luftballon wird mit diesem Handtuch wie mit einem weichen Schläger immer wieder in die Luft geschlagen. Er darf den Boden möglichst nicht berühren. Sind alle Spieler geübt, können jeweils zwei Paare miteinander spielen und sich gegenseitig den Ball zuwerfen.

Tipp: Wenn ein wenig Wasser in die Ballons gefüllt wird, wird das Spiel etwas schwieriger, da sich dadurch die Flugbahn verändert. An sonnigen Tagen kann das Spiel auch mit prall gefüllten Wasserballons draußen gespielt werden. Dazu müssen alle Teams sich zunächst einen gleich großen Vorrat an Ballons herstellen. Dann versucht jedes Team, abwechselnd einen Luftballon so zu platzieren, dass die anderen eine kühle „Erfrischung" abbekommen.

Auf Fischfang gehen

Ab 4 Jahre

***Material:* 1 transparente Plastiktüte, Schere, Wanne oder Planschbecken mit Wasser**

Herstellung: Die Plastiktüte mehrmals zusammenfalten und viele kleine Fische ausschneiden.

Alle Fische im Wasser schwimmen lassen, je mehr, desto besser und das Wasser ein paar Mal umrühren. Es geht darum, so viele kleine Fische wie möglich aus dem Wasser zu fischen. Wer ist der beste Fischer?

Wasserzielen

Ab 5 Jahre

***Material:* 1 großes Einmachglas, 1 kleines Schnapsglas, 10 Cent-Münzen**

In ein großes Einmachglas wird ein kleines Schnapsglas gestellt und das Ganze mit Wasser aufgefüllt. Der oder die Spieler müssen nun versuchen, mit den Münzen genau in das Schnapsglas zu treffen.

Schattenfangen

Ab 6 Jahre

Dieses Spiel ist nur draußen bei Sonnenschein möglich. Der Fänger fängt nicht durch Abschlagen, sondern indem er auf den Schatten des Verfolgten tritt. Der Spieler, dessen Schatten gefangen wurde, ist dann der Fänger.

Tipp: Der Schattenumriss wird mit selbst hergestellter Straßenkreide (Rezept siehe Seite 147) oder mit einer Wasserspritze nachgemalt.

Schwimmflossen-Tennis

Ab 6 Jahre

***Material:* 2 Schwimmflossen, mehrere Luftballons**

Die Schwimmflossen werden zu Tennisschlägern, der Luftballon zum Tennisball und schon beginnt das Schwimmflossen-Tennis-Match. Bei sehr warmem Wetter können die Ballons auch mit etwas Wasser gefüllt werden.

Der Sommer schmeckt wie Erdbeereis

Erdbeereis am Stiel

Ab 3 Jahre

***Zutaten:* 200 g reife Erdbeeren, 2 reife Bananen**

Zubereitung: Erdbeeren waschen, abtropfen lassen und Blätter und Stiele entfernen. Bananen und Erdbeeren im Mixer pürieren, in Stieleisförmchen füllen und ca. 2 Stunden einfrieren. Danach mit einem Klecks Sahne servieren.

Rote Grütze mit Quarksoße

Ab 6 Jahre

***Zutaten:* Je 250 g Johannisbeeren, Kirschen, Himbeeren, 100 g Zucker, 1 Liter Wasser, 75 g Speisestärke**
***Für die Quarksoße:* 250 g Sahnequark, 1 ½ Tassen Milch, 1 Päckchen Vanillezucker**

Zubereitung: Himbeeren, Johannisbeeren und Kirschen in kaltem Wasser waschen, abtropfen lassen, entstielen und entsteinen. Früchte mit Zucker und Wasser in einem Topf 10 Minuten kochen. Speisestärke mit kaltem Wasser anrühren, in die rote Grütze rühren und einmal aufkochen lassen. Mit Zucker abschmecken. In eine Schüssel füllen und kalt stellen. Sahnequark mit Milch und Vanillezucker verrühren und dazu reichen.

Sommerliche Fruchtsuppe

Ab 6 Jahre

***Zutaten:* 1 Liter Milch, 100 g Zucker, Salz, 1 Vanilleschote, 30 g Speisestärke, 3 Eigelb, 3 Eiweiß, 1 Orange, 1 Banane, 8 Aprikosenhälften aus der Dose, 100 g Himbeeren, 100 g Erdbeeren, 20 g gehackte Pistazien**

Zubereitung: Milch mit Zucker, Salz und dem Vanillemark zum Kochen bringen. Speisestärke mit etwas Milch in einem Becher glatt rühren, in der Milch verrühren und einmal aufkochen lassen. Eigelb mit etwas Suppe in einem Becher verquirlen und in die Suppe rühren. Eiweiß in einer Schüssel steif schlagen, unter die Suppe heben. Suppe in einem mit kaltem Wasser gefüllten Becken abkühlen lassen, häufig umrühren. Orange schälen, Aprikosen abtropfen lassen, Erdbeeren und Himbeeren waschen, klein schneiden und in die kalte Suppe geben. Zugedeckt 30 Minuten in den Kühlschrank stellen. Mit gehackten Pistazien bestreut servieren.

Eine ideale Erfrischung an heißen Sommertagen!

Fünf rote Kirschen

Ei, seht den schönen Kirschzweig an!
Fünf rote Kirschen hängen dran.
Das ist die Kirsche Kugelrund,
das ist die Kirsche Kerngesund.
Das ist die Kirsche Zuckerblut,
und das die Kirsche Gar-so-gut.
Die letzte Kirsche ist die Beste,
da kommt ein Spatz aus seinem Neste
und rupft's und zupft's und reißt und beißt,
bis alle fünfe sind verspeist.

Beerenmarmelade

Ab 6 Jahre

***Zutaten:** 1 kg Beeren (rote, schwarze Johannisbeeren, Himbeeren, reife Stachelbeeren), 500 g Gelierzucker*

Zubereitung: Beeren zerkleinern, mit Gelierzucker vermischen und 4 Minuten sprudelnd kochen lassen. Sofort in Twist-off-Gläser füllen und verschließen. Den Deckel mit einer selbst gestalteten Stoff- oder Papierhaube, einem Etikett und einem Geschenkband verzieren.

Kirschsaft

Ab 6 Jahre

***Zutaten:** 1 kg Kirschen, 100 g Zucker, 1 Liter Wasser*

Zubereitung: Kirschen waschen, in den Fruchtkorb des Entsafters geben und mit Zucker bestreuen. In den unteren Teil des Entsafters Wasser geben, den Topf zudecken und alles zum Kochen bringen. Saft in Flaschen abfüllen und sofort verschließen. Die Kinder gestalten die Flaschen mit bemalten Etiketten, die aufgeklebt oder angehängt werden.

Feuerkartoffeln

Ab 5 Jahre

***Zutaten:** Kartoffeln, Salz, Kümmel, große Ampferblätter oder Gemüseblätter aus dem Garten, z. B. Rhabarber-, Wein- oder Kohlblätter, Eisennägel*

Zubereitung: Gleichmäßig große Kartoffeln gut waschen, in Salz und Kümmel wälzen und in Ampferblätter einwickeln. Mit einem Eisennagel fixieren. Der Nagel dient darüber hinaus zur besseren Verteilung der Hitze, sodass die Kartoffeln schon nach 30 Minuten gar sind. In die Holzkohlenglut legen und den Nagel selbstverständlich vor dem Essen entfernen.

Stockbrot

Ab 5 Jahre

***Zutaten:** 400 g selbst gemahlenes Weizenvollkornmehl, ½ Teelöffel Salz, 2 Teelöffel Backpulver, 50 g Butter, 150 ccm Milch*

Zubereitung: Die Weizenkörner in einer mechanischen Kaffee- oder Getreidemühle zu Mehl mahlen. Alle Zutaten außer der Milch zu einem krümeligen Teig vermischen (die Butter am besten in kleinen Stücken dazugeben). Jetzt die Milch dazugießen und alles gut durchkneten.
Lange Stöcke suchen und säubern. Den Teig zu langen Schnüren formen und um die Stöcke wickeln. Über dem offenen Feuer knusprig backen – dabei immer hin und her wenden, damit nichts anbrennt. (Bau einer Feuerstelle siehe Seite 34)

Tipp: Aus dem gleichen Teig kann auch Fladenbrot hergestellt werden, das handtellergroß am inneren Rand der Feuerstelle flach auf dem Stein gebacken wird.

Feuer und Wasser

Sonnenuhr im Blumentopf

Ab 6 Jahre

Material: Blumentopf aus Ton, Holzstab, wasserfester Filzstift

Herstellung: In das Bodenloch des Blumentopfes einen Holzstab stecken und an einen Platz stellen, der den ganzen Tag Sonne hat. Der Schatten des Stabes wandert je nach Sonnenstand am Topfrand entlang. Den Schatten entsprechend der Uhrzeit mit Strichen markieren.

Feuerstelle im Garten

Kinder ab 3 Jahren können beim Bau der Feuerstelle mithelfen

Material: ein paar Feldsteine oder Granit-Großpflastersteine (etwa 15 bis 20 Stück), 3 stabile Aststangen, Draht, Spaten, Schubkarre

Herstellung: An einer geeigneten Stelle im Garten einen Kreis für die Feuerstelle in der gewünschten Größe markieren. Die Rasensoden ausstechen und an einer anderen Stelle lagern, sie können später noch verwendet werden. Nun die Feldsteine als äußere Begrenzung einbauen. Großpflastersteine sollten „erdbündig" eingebaut werden, so fällt eventuell die spätere Pflege leichter. Seitlich drei stabile Äste in den Boden stecken und oben mit einem Draht zusammenbinden. Hier kann ein Metallkessel oder ein Rost an einer Kette über das Feuer gehängt werden, sodass die Feuerstelle später als Grillplatz oder zur Zubereitung einer Suppe dienen kann.
Am inneren Rand der Feuerstelle liegen flache Natursteine. Sie heizen sich durch die Glut schnell auf und die Kinder können darauf Fladenbrot backen (Rezept siehe Seite 33).

Milchtüten-Regatta

Ab 3 Jahre

Material: 1 Milchverpackung aus Karton, 1 Schere, 1 länglicher Luftballon

Herstellung: Den Milchkarton der Länge nach in zwei Hälften schneiden. In den hinteren Rand jeder Hälfte ein Loch zum Durchstecken des Luftballons schneiden. Nun einen Ballon aufpusten und das Ende fest zudrücken, damit keine Luft entweichen kann. Den Luftballon in das Boot legen und das immer noch zugedrückte Ende durch das kleine Loch am hinteren Rand schieben. Wenn nun der Luftballon losgelassen wird, saust das Boot durchs Wasser.

Wasserexperimente

3 bis 8 Jahre

Was schwimmt, was schwimmt nicht?
Im Garten oder im Haus verschiedene Gegenstände sammeln, die unterschiedlich in ihrer Größe und Form sind und aus unterschiedlichem Material mit verschiedenem Gewicht bestehen. Besonders jüngere Kinder sind fasziniert, dass z. B. ein schweres Frühstücksbrett schwimmt, während die kleine, leichte Sicherheitsnadel untergeht. Oder dass ein hohes Glas abtaucht, aber eine flache Kompottschale aus Glas schwimmt (ab 3 Jahre).

Der Kartoffelfisch
Ein Glas zur Hälfte mit Wasser füllen und reichlich Salz darin auflösen. Dann das Glas vorsichtig mit Wasser auffüllen (damit sich die Flüssigkeiten nicht verbinden, das Wasser mit einem Löffel einfüllen). Eine rohe Kartoffel ins Glas geben, die wie ein Fisch in der Mitte des Glases schwimmt (= die Kartoffel ist schwerer als Wasser, aber leichter als Salzwasser) (ab 6 Jahre).

Tipp: Aus der Kartoffel vorher einen Fisch schnitzen

Ein Reifen-Regenbogen selbst gemacht
Sich am späten Nachmittag bei Sonnenschein draußen auf einen Stuhl stellen, sodass man mit dem Rücken zur Sonne steht. Nun mit dem Wasserschlauch feinen Regen versprühen – ein bunter Reifen-Regenbogen entsteht (ab 5 Jahre).

Wie funktioniert ein Thermometer?
In eine schmale Flasche kaltes, mit Lebensmittelfarbe gefärbtes Wasser füllen. Mit einem Korken verschließen, der zuvor der Länge nach durchbohrt wurde. Durch das Loch des Korkens wird ein Plastiktrinkhalm so weit gesteckt, dass er in die Flüssigkeit eintaucht. Nun umfasst das Kind die Flasche mit beiden Händen. Dabei erwärmt sich zunächst die Luft und dehnt sich aus. Da sie nicht entweichen kann, drückt sie auf die Wasseroberfläche, sodass das Wasser in dem Röhrchen aufsteigt (ab 6 Jahre).

Wasserfalle
Am Nachmittag draußen im Garten ein Loch in den Boden graben und ein offenes Gefäß hineinstellen. Über die Öffnung eine Plastikfolie ziehen und an den Seiten mit Steinen beschweren. In die Mitte der Folie einige kleine Steine legen. Gegen Abend sammelt sich in dem Gefäß Wasser. So kann aus der Luft Wasser gewonnen werden (= die warme Luft kühlt sich zur Nacht hin ab, die kalte Luft kann den Wasserdampf nicht halten, sodass Wasser an der Unterseite der Folie kondensiert und in das Gefäß tropft) (ab 6 Jahre).

Herbstzeit 1.3

Mit dem Ende des Sommers werden die Tage allmählich kürzer. Die Sonne wärmt nicht mehr und es kommen die ersten Frostnächte. Die Bäume färben ihre Blätter und verlieren sie nach den ersten kalten Nächten. Das Leben in der Natur stellt sich auf eine Ruhephase ein. Wer aufmerksam hinschaut, der sieht, wie die ersten Vogelschwärme in Richtung Süden ziehen und wie flinke Eichhörnchen Nüsse, Eicheln, Beeren und Bucheckern vergraben. Sie schaffen Vorrat für den Winter. Für die Waldtiere wie Hasen, Wildschweine, Rehe und Hirsche sammelt der Förster Kastanien und Eicheln als Wintervorrat und die Kinder können für die spätere Vögelfütterung im Winter jetzt Sonnenblumenkerne und Nüsse sammeln.

Der Herbst ist die Zeit der Ernte. Die Obst- und Gemüsestände auf den Wochenmärkten sind prall gefüllt. Saftige Äpfel, Birnen und Pflaumen laden ein zum Naschen.

Die großen und kleinen Veränderungen in der Herbstzeit beobachten Kinder mit großem Interesse und reagieren mit allen Sinnen auf ihre eigene Weise. Ihrem Entwicklungsstand entsprechend erforschen sie die verschiedenen Naturerscheinungen, wobei sie besonders solche Aktivitäten bevorzugen, bei denen sie körperlich aktiv und spielerisch etwas gestalten können.

Mit seinen häufig wechselnden Wettererscheinungen ermöglicht der Herbst zwar kein ausgiebiges Spiel mehr im Freien, aber bewegungsreiche Spiele in wetterangepasster Kleidung verwandeln trübe Herbsttage in Erlebnistage. Beim Steigenlassen der Drachen oder Windbeutel, bei Lauf- und Fangspielen sowie beim Basteln mit Material aus der Natur werden Lernprozesse angeregt und die Kinder bilden Fertigkeiten und Kenntnisse aus. Bei Wanderungen und Streifzügen durch Wald und Park sammeln die Kinder Kastanien, Eicheln und andere Naturmaterialien, um damit zu experimentieren und zu spielen, sie holen sich sozusagen den Herbst ins Haus. So nebenbei stärken häufige Aufenthalte bei jeder Witterung das Immunsystem.

Mit Beginn der dämmerigen Herbsttage beginnt außerdem eine spannende und aufregende Zeit. Neben den ruhigen, gemütlichen Tagen mit Geschichtenerzählen, Basteln, dem Beobachten der Naturveränderungen, freuen sich die Kinder erwartungsvoll auf die anstehenden Feste und Feiern.

Bunte Blätter

Blätterfall, Blätterfall,
bunte Blätter überall.
Raschel, raschel, es wird kalt
und der Schnee bedeckt sie bald.
Blätterfall, Blätterfall,
bunte Blätter überall.
(überliefert)

Wenn der Herbstwind weht

Der Apfel

Ab 3 Jahre

Fünf Finger stehen hier und fragen:
„Wer kann wohl diesen Apfel tragen?“
Der erste Finger kann es nicht,
der zweite sagt: „Zu viel Gewicht!“
Der dritte kann ihn auch nicht heben,
der vierte schafft das nie im Leben,
der fünfte Finger aber spricht:
„Ganz allein, so geht das nicht!“
Gemeinsam heben kurz darauf
5 Finger diesen Apfel auf.

Zum Vers die einzelnen Finger zeigen, mit dem Daumen beginnen, zum Schluss mit der ganzen Hand einen imaginären Apfel greifen.

Rätsel

Wer ist das?
Im Frühling erfreu ich dich,
im Sommer kühl ich dich,
im Herbst ernähr ich dich,
im Winter wärm ich dich.
(Baum)

Die Riesenpflaume

Ab 3 Jahre

Da oben auf dem Baume, eins, zwei, drei,
da wächst 'ne Riesenpflaume, eins zwei, drei,
da unten auf der Wiese, eins, zwei, drei,
da wartet Tante Liese, eins, zwei, drei.
Plötzlich fällt die Pflaume, eins, zwei, drei,
herunter von dem Baume, eins, zwei, drei.
Plumpst neben Tante Liese, eins, zwei, drei,
die liegt jetzt auf der Wiese, eins, zwei, drei.

Passend zum Text mit gestreckten Armen rhythmisch nach oben oder unten zeigen, mit drei Fingern zählen und sich zum Schluss auf den Boden fallen lassen.

Mein Drachen (Albert Sixtus)

Ab 3 Jahre

Wenn der frische Herbstwind weht,
geh ich auf die Felder,
schicke meinen Drachen hoch,
über alle Wälder.
Und er wackelt mit dem Ohr,
wackelt mit dem Schwänzchen
und er tanzt den Wolken vor,
hei, ein lustig Tänzchen.

Anleitung zum Bau eines einfachen Drachens siehe „Windbeutel“, Seite 45.

Der Wind

Ab 5 Jahre

Der Wind in den Bäumen macht, was er will,
und was er hat, das will er nicht,
und was er will, das kriegt er nicht,
der Wind in den Bäumen macht, was er will.

Zwei Spieler stehen voreinander und klatschen zu dem Vers rhythmisch in die Hände, bei Wiederholungen den Rhythmus beschleunigen oder verlangsamen.

Herbstpicknick

Ab 5 Jahre

Was gibt's zum Picknick übermorgen?
Genug, mach dir keine Sorgen.
Äpfel, Birnen wunderbar,
auch Pflaumen und Tomaten,
Kürbis, Trauben – delikat,
darauf wir alle warten.
Kohlrabi und die Haselnuss
sind auch nicht zu verachten,
die knacken wir mit viel Genuss,
auch Möhren machen munter.
Für den Durst gibt's Punsch und Tee.
Doch etwas fehlt, was kann es sein?
Gebackene Ameisen – oh nein,
die Schokolade – schade!

Den Reim gestisch-mimisch unterstützen und mit verteilten Rollen sprechen, z. B. zur Vorbereitung eines echten Picknicks.

Apfelkuchen-Abc

Ab 5 Jahre

A ... das ist ein Apfelkuchen,
B ... der wollte ihn besuchen,
C ... möchte ihn nach China schicken,
D ... vor Freude an sich drücken,
E ... wollt ihn gerne essen,
F ... ein Stückchen fressen,
G ... will ihn den Kindern geben,
H ... ihn in die Höhe heben,
I ... sagt, den bewache ich,
J ... möchten ihn jagen,
K ... kriegt man beim Kragen,
L ... mag ihn gerne leiden,
M... wird durch ihn munter,
N ... will sich den halben nehmen,
O ... sagt: O du musst dich schämen,
P ... will ihn gleich packen,
Q ... fängt an zu quaken,
R ... fängt an zu rufen,
S ... beginnt zu suchen,
T ... darf ihn tragen,
U ... will ihn umrennen,
V ... ihn verbrennen,
W... will das nicht wagen.
Schließlich tragen ihn auf einem Kuchenbrett
XYZ.

Die Buchstaben auf Tonpapier übertragen, passend zur Textaussage die Buchstaben bekleben und bildhaft ausmalen. Ausgeschnitten dienen sie als Raumdekoration zum Apfelfest.

Ein Männlein steht im Walde

Ein Männlein steht im Walde (Text: Heinrich H. von Fallersleben, Melodie: volkstümlich)

Ab 3 Jahre

2. Das Männlein steht im Walde
auf einem Bein
und hat auf seinem Haupte
schwarz Käppelein.
Sag, wer mag das Männlein sein,
das da steht im Wald allein,
mit dem kleinen schwarzen Käppelein?

Ein Kind antwortet:
Das Männlein dort auf einem Bein,
mit dem roten Mäntelein
und seinem schwarzen Käppelein
kann nur die Hagebutte sein!

Alle Kinder bilden einen Kreis, mit gehobenen Armen bilden sie Bäume. Ein Kind (Männlein) steht in der Kreismitte (mit schwarzer Kappe und rotem Umhang) und führt die benannten Bewegungen pantomimisch aus. Bei der Textstelle „Sag, wer mag …" schauen die Kinder den rechten und linken Nachbarn fragend an und zucken ratlos die Schultern. Das Männlein zählt laut 1, 2, 3 und zeigt auf ein Kind. Nennt das Kind den Namen Hagebutte, darf es sich verkleiden und selbst das Männlein darstellen.

Der Herbst ist da (Text und Melodie volkstümlich)

Ab 3 Jahre

2. Der Herbst, der Herbst, der Herbst ist da,
   er bringt uns Obst, hei hussassa.
   Macht die Blätter bunter,
   wirft die Äpfel runter,
   heia hussassa, der Herbst ist da.

3. Der Herbst, der Herbst, der Herbst ist da,
   er bringt uns Wein, hei hussasa.
   Nüsse auf den Teller,
   Birnen in den Keller,
   heia hussassa, der Herbst ist da.

4. Der Herbst, der Herbst, der Herbst ist da,
   er bringt uns Spaß, hei hussassa.
   Rüttelt an den Zweigen,
   lässt die Drachen steigen,
   heia hussassa, der Herbst ist da.

Das Lied mit selbst gebastelten Schütteldosen (siehe Seite 43) rhythmisch begleiten.

Blätterbrille und Schütteldose

Blätterbrille

Ab 5 Jahre

Die Seitenkante von einem Buchenblatt oder besser noch einem Ahornblatt zur Mittelader hin falten. Vorsichtig zwei kleine Vierecke an der Faltkante herausreißen. Wird das Blatt wieder aufgeklappt, befindet sich auf jeder Blatthälfte ein Guckloch.

Waldkugel

Ab 5 Jahre

Material: Schraubglas, Plakatfarbe, Pinsel, Waldboden, Sand, Steinchen, Zapfen, Eicheln, Bucheckern und Schalen, Ähren, u.a.m., Klebstoff

Herstellung: Zuerst das Glasinnere mit Farbe so bestreichen, dass nur ein Guckloch bleibt, trocknen lassen. Die Erde mit den gesammelten Fundstücken vom Waldspaziergang in das Glas geben und mit dem Schraubdeckel gut verschließen. Durch Schütteln entstehen immer wieder neue Beobachtungsbilder.

Variante: Aus Kastanien, Eicheln oder Zapfen eine kleine Figur herstellen und auf die Innenseite des Glasdeckels kleben. Vor dem Zuschrauben des Glases zusätzlich winzige Styroporkugeln einfüllen.

Blätterpresse

Ab 4 Jahre

Material: unversehrte, saubere Laubblätter von verschiedenen Bäumen und Sträuchern, ausrangiertes Telefonbuch oder andere dicke, schwere Bücher (saugen die Feuchtigkeit besser auf), Küchenkrepp

Herstellung: Laubblätter einzeln zwischen Küchenkreppstücke legen und dann zwischen Buchseiten schichten (schützt die Buchseiten vor Flecken, Papier zieht die Feuchtigkeit aus den Laubblättern). Das Buch oder die Bücher an einem warmen, trockenen Ort lagern und evtl. etwas Schweres daraufstellen. Nach einer Woche vorsichtig nachgucken, ob die Blätter schon trocken sind.

Blätter zu fantasievollen Blätterbildern anordnen, evtl. etwas dazu malen. Blätter für die Anfertigung eines Baumbestimmungsbuches aufbewahren oder Blätter mit Goldfarbe anstreichen und Festkarten damit gestalten oder ein Blätter-Memoryspiel herstellen.

Pustebäume

Ab 3 Jahre

Material: Zeichenpapier, Deckfarbe (Herbstfarben), Pinsel, Trinkhalm

Herstellung: Mit dem Pinsel sehr nasse Farbe aufs Papier tropfen. Die Farbtropfen mit dem Trinkhalm oder dem Mund verpusten. Nach der Experimentierphase einen Baumstamm aufmalen und anschließend durch gezielte Führung des Trinkhalms die Herbstfarben zu Sträuchern und Ästen verpusten.

Schütteldosen

Ab 3 Jahre

***Material:* leere (500 g) Joghurtdosen mit Deckel, Bucheckern, Nusskerne, Sonnenblumenkerne, Kürbiskerne, Kastanien, Eicheln, Pfirsich- oder Pflaumensteine, evtl. Klebestreifen**

Herstellung: Die Dosen mit dem sortierten Material zur Hälfte füllen, den Deckel aufsetzen und evtl. mit dem Klebeband befestigen.

- Dosen als Begleitinstrument beim Singen rhythmisch schütteln.
- Dosen zur „Tonleiter“ aufstellen.
- Mit Schütteldosen Memory spielen.

Schütteldosenvers

Dosen rütteln,
Dosen schütteln,
Dosen voll,
Dosen leer?
Zeig sie her!

Kernbeißerkette

Ab 5 Jahre

***Material:* Hagebutten, Bucheckern, Nusskerne, Kürbis- und Sonnenblumenkerne, dicke Nähnadel, stabiler Baumwollfaden**

Herstellung: Mit Hilfe der Nähnadel Kerne und Früchte auf den Baumwollfaden fädeln. Die Futtergirlande zunächst luftig und trocken aufbewahren. Erst wenn der Boden hart gefroren oder alles zugeschneit ist, wird sie draußen an einen geeigneten Platz gehängt, z. B. zwischen Sträuchern am Spielplatz oder Tannenzweigen in Balkonkästen, aber immer mit Blickrichtung zum Fenster der Wohnung, damit die Kinder gut beobachten können.

Herbstfrüchtemobile

Ab 3 Jahre mit Hilfe des Erwachsenen

***Material:* Fotos von Herbstfrüchten, Pappe, Bindfaden, Schere, Ast**

Herstellung: Aus Zeitschriften, Katalogen Abbildungen/Fotos der Lieblingsobstsorten der Kinder auf Pappe kleben und ausschneiden, anschließend mit einem Faden versehen. An einen Ast geknotet, bewegen sich die Teile im Luftzug.

Laufschnecke

Ab 5 Jahre

***Material:* leeres Schneckenhaus, Klebstoff, Schere, grüne Pappe, Zwirn, Nadel, ein kleines Stück Wellpappe**

Herstellung: Aus der grünen Pappe ein Blatt schneiden. Das Schneckenhaus auf die kleine Wellpappscheibe (ca. 1 cm Durchmesser) kleben. Zwirnsfaden auffädeln, von der Unterseite des Blatts nach oben stechen, die Nadel durch die Wellpappe unter dem Schneckengehäuse führen, dann die Nadel am anderen Ende des Blatts wieder von oben nach unten stechen. An der Blattunterseite beide Fadenenden verknoten, der Zwirnsfaden sollte straff sein. Nun unter dem Blatt an dem Zwirnsfaden ziehen, die Schnecke läuft oben auf dem Blatt.

Kometkastanien und Segelflieger

Kobeln

Ab 5 Jahre

Material: Hagebutten, Kastanien, Eicheln, Bucheckern, Nüsse oder Pfirsich-, Pflaumensteine u. Ä., eine leere Blechdose

Jeder Spieler erhält die gleiche Anzahl eines Wurfmaterials (z. B. 5 Stücke). In gewissem Abstand von einer Ziellinie eine Blechdose aufstellen (oder eine kleine Mulde im Boden buddeln). Von der Ziellinie aus werfen die Spieler nacheinander ihr Material in die Dose. Wer die meisten Treffer hat, darf das gesamte Material aus der Dose behalten. Erst wenn ein Spieler kein Wurfmaterial mehr hat, endet die Spielrunde.

Seinen Namen hat dieses Spiel vom „Kobel", so heißt das Nest der Eichhörnchen.

Bäumchen wechsle dich

Ab 4 Jahre

Material: Bäume

Verlauf: Jeder Spieler sucht sich einen Baum. Auf den Ruf: „Bäumchen wechsle dich" sucht sich jeder einen neuen Baum. Wer keinen Platz gefunden hat, ist der nächste Ausrufer.

Segelflieger

Ab 5 Jahre

Material: rechteckiges Papier, das etwas länger als ein Quadrat ist, Schere

Herstellung: Das Papier entsprechend der Skizze falten. Zu beachten ist, dass alle Faltkanten stark ausgestrichen werden. Stehen Fliegerdreieck und Schwanz im richtigen Verhältnis, segelt der Flieger gleichmäßig und landet mit weicher Bauchlandung. Falls er sich nach dem Abwurf um die eigene Achse dreht und trudelt, ist der Schwanz zu kurz und er muss gegen einen längeren ausgetauscht werden.

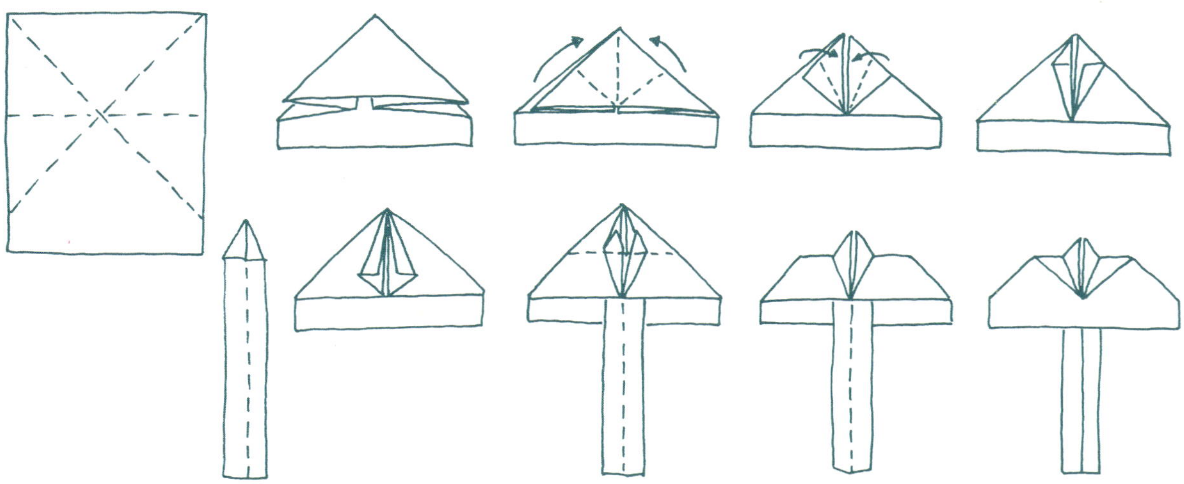

Windbeutel

Ab 5 Jahre, mit Hilfe des Erwachsenen

***Material:** 1 Plastiktüte, 2 Rundholzstäbe (Durchmesser 5 mm) so lang, wie die Tüte ist (ca. 45 cm), Gewebe-Klebeband, Klebstoff, 4 kurze Stücke Schnur für die Verspannung, Drachenschnur und Haspel, bunte Plastiktütenstreifen, Schere, Säge*

Herstellung: Die Tüte quadratisch zuschneiden. Die Stäbe passend sägen, damit sie über Kreuz gelegt auf das Quadrat passen. Anschließend die Stäbe zu einem Kreuz zusammenbinden. Die Stabenden mit Klebeband an den Ecken der Quadrate befestigen. An jede Ecke eine Schnur binden und alle vier Schnüre in der Mitte vor der Bespannung zusammenknoten. Die Drachenschnur (mit Haspel) an diesen Verspannungsknoten binden. Bunte Plastiktütenstreifen als Schwanz an eine ca. 3 Meter lange Schnur knoten. Mit den restlichen Streifen den Windbeutel dekorieren.

Kometkastanien

Ab 5 Jahre

***Material:** Kastanien, Handbohrer, Reste von (farbigen) Klarsichtfolien oder Plastiktüten*

Herstellung: Mit dem Handbohrer ein Loch in den hellen Fleck der Kastanie bohren. Aus Folien etwa 10 Streifen (1 cm x 80 cm) schneiden und so tief wie möglich in das vorgebohrte Loch der Kastanie stecken.

Den Kometen sehr hoch in die Luft werfen und versuchen, ihn wieder zu fangen. Man kann sich auch paarweise die Kometen zuwerfen.

Laubhüpfen

Ab 3 Jahre

***Material:** Laubblätter*

Verlauf: Über eine beliebige Wegstrecke werden von einer Startlinie bis zur Ziellinie in kurzen Abständen Laubblätter aufgehäufelt. Auf ein Kommando hüpfen die Spieler (auf einem Bein, zwei Beinen oder Vierfüßlergang) von Laubhaufen zu Laubhaufen, wenden an der Ziellinie und laufen zwischen den Laubinseln zurück. Wer als Erster ankommt, darf das nächste Kommando geben.

Kommandovers:
1-2-3 im Hüpfeschritt, wer kommt mit?

Variante: Das Laub in einer langen Linie auslegen. Diese Linie seitlich umrunden, sie zwischen die Füße nehmen und breitbeinig laufen oder im Zickzack hin und her hüpfen oder rückwärtsgehen.

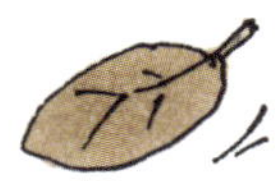

Schneckensprung

Ab 5 Jahre

***Material:** Tannenzapfen oder Kastanien, Stock zur Markierung*

Verlauf: Aus dem Material eine große Schnecke auf den Boden legen. Die Spirale in Felder einteilen (doppelte Schuhgröße). Nacheinander hüpft jeder Spieler von einem Feld zum anderen bis ins Zentrum. Wer dies fehlerlos schafft, schreibt den Anfangsbuchstaben seines Namens in ein beliebiges Feld. Der nächste Springer muss das markierte Feld überspringen.

Gemüsetheater und Pflaumenstreusel

Gemüsetheater

Ab 3 Jahre

Zutaten:** **Tomate, Paprika, Gurke, Radieschen, Petersilie, Schnittlauch, Trauben, Apfel, Zwiebel, Zitrone und anderes, Zahnstocher, Schaschlikspieße, Servietten, Küchenkrepp

Herstellung: Aus Obst- oder Gemüsefrüchten Spielfiguren herstellen. Sie werden auf ein Holzstöckchen gespießt, auf das ein Papierkleid, eine Serviette oder ein Stück Stoff geklebt oder gebunden ist. Alle Früchte können nun für einen Tag ihre eigene Rolle spielen, z. B. die beißende Zwiebel, die saure Zitrone oder der saftige Apfel, denn nach dem Theaterspiel wird alles zu einem Salat, einer Suppe oder einer Süßspeise verarbeitet.

Apfelschaum

Ab 3 Jahre

Zutaten: ***4 mittelgroße Äpfel, 1 Becher Sahne, 1 Teelöffel Zucker, 1 Prise Zimt***

Zubereitung: Äpfel schälen und fein reiben. Sahne zu einem festen Schaum schlagen. Den Apfelbrei vorsichtig unter den Sahneschaumberg heben.

Apfelschaum vor dem Verzehr kurze Zeit in das Gefrierfach stellen.

Herbstpunsch

Ab 3 Jahre

Zutaten: ***1 Apfel, ½ Liter Wasser, ½ Liter Apfelsaft, 2 Beutel Rotbuschtee, 1 Vanilleschote, 4 Sternanis***

Zubereitung: Apfel gründlich waschen, vierteln, entkernen und in sehr kleine Würfel schneiden. Das Wasser mit dem Apfelsaft mischen und mit den Apfelstückchen erhitzen (nicht kochen). Teebeutel, Nelken, Zimtstange, Sternanis dazugeben und ca. 10 Minuten ziehen lassen, danach Nelken, Zimtstange und Sternanis entfernen. Den Punsch heiß genießen.

Pflaumenstreuselkuchen mit Zimtsahne

Ab 5 Jahre

Zutaten: ***250 g Butter, 250 g Zucker, 4 Eier, 2 Teelöffel Backpulver, 400 g Mehl (Vollkornmehl), 1 Prise Salz, 5 Esslöffel Milch, 1 ½ kg Pflaumen oder Äpfel***
Für die Streusel: *100 g Butter, 125 g Zucker, 1 Teelöffel Zimt, 150 g Mehl*
Für die Zimtsahne: *1 Becher Sahne, 1 Teelöffel Zimtzucker*

Zubereitung: Die Teigzutaten zu einem Rührteig verarbeiten und auf ein gefettetes oder mit Backpapier belegtes Backblech streichen. Pflaumen waschen und entkernen, einschneiden (Äpfel schälen in Spalten schneiden), auf dem Teig gleichmäßig verteilen. Für die Streusel die restlichen Zutaten verkneten und über das Obst geben. Im Backofen bei ca. 180 Grad etwa 45 Minuten backen. Vor dem Verzehr auskühlen lassen. Die Sahne mit Zimtzucker süßen und steif schlagen, zu dem Kuchen servieren.

Apfelforscher

Apfelforscher

Ab 5 Jahre

Wie schmeckt der Apfel?

- Apfelsorten mit geschlossenen Augen schmecken (süß, sauer etc.);
- die Beschaffenheit mit den Fingern, der Zunge fühlen (mehlig, weich, hart, knackig etc.);
- das Aussehen erfassen und auseinanderhalten;
- den Duft der Äpfel aufnehmen und unterscheiden u.a.m.

Woher kommt der Apfel?

- Bei einem Herbstspaziergang einen Apfelbaum suchen und
- in allen Jahreszeiten fotografieren,
- die Rinde fühlen, mit geschlossenen und offenen Augen,
- den Rindengeruch wahrnehmen,
- einen Rindenabdruck mit einem Blatt Papier herstellen,
- mit der Lupe die Rinde untersuchen,
- den Umfang des Stammes messen,
- die Blätter sammeln und für kreative Gestaltungsarbeiten verwenden,
- ihn mit anderen Obstbäumen vergleichen.

Was kann man mit dem Apfel anfangen?

- Buchstabenapfel – im Sommer auf unreife, grüne Äpfel, die noch am Baum hängen, Muster oder Anfangsbuchstaben von Vornamen aus Papier und Klebefolie kleben. Wenn dann im Herbst die Äpfel reif und rot sind, die Klebefolie entfernen und das Muster oder der Buchstabe glänzt in der Apfelmitte.
- Apfelkerne sammeln, zu einer Kette aufschnüren oder ein Mandala kleben.
- Apfelringe – Apfel schälen und Kerngehäuse mit dem Apfelausstecher ausschneiden, Apfel in ½ cm dicke Scheiben schneiden. Die Apfelringe auf ein Grillrost legen und den Rost in den Backofen schieben, auf 50 Grad heizen, abschalten. Die Backofentür einen Spaltbreit öffnen und die Obstringe über Nacht dörren. Später die Ringe in Leinensäckchen oder aufgefädelt an einem luftigen Ort aufbewahren.
- Apfelfest unter dem Baum feiern.

Weitere Infos:
www.nabu.de
www.waldpädagogik.de

Winterzeit 1.4

In dieser oft frostigen Jahreszeit können Kinder, ausgestattet mit warmer Kleidung, die typischen winterlichen Wettererscheinungen beim Schneeballwerfen und bei Eisexperimenten besonderes nachhaltig erleben.
Um im Winter überleben zu können, sind jetzt Vögel und Wildtiere auf ständiger Suche nach Nahrungsquellen. Wenn der Boden hart gefroren und von einer Schneedecke bedeckt ist, sind sie auch auf die Hilfe der Menschen angewiesen. Im Wald füllt der Förster die im Herbst gesammelten Kastanien und Eicheln in die Futterkrippen. Und die Kinder können an geschützten Stellen und in Sträuchern jetzt Vogelkekse aufhängen, um den Vögeln die Futtersuche zu erleichtern. Bei den Spaziergängen im Wald oder Park sind die Tiere zwar selten zu sehen, aber sie haben an Zäunen oder Hecken ihre Spuren hinterlassen: Haarreste von Tierfell, Federn oder auch abgenagte Fichtenzapfen. Vor allem in der Nähe von Wildfutterstellen sind auf schneebedecktem Boden besonders gut Spuren und Fährten zu entdecken, denn die Waldtiere hinterlassen typische Trittsiegel. Auch die Kinder hinterlassen bei Fang- und Laufspielen im Schnee ihre Spuren. Mit Experimenten, Basteleien, Liedern und Gedichten können lange Winterabende in der Wohnung vergnüglich zugebracht werden.

Bei näherer Betrachtung sind an Obstbäumen, Kastanien oder Forsythien die Winterknospen zu entdecken. In ihnen verbergen sich die neuen Triebe und Blätter. Wenn einzelne Zweige vorsichtig abgeschnitten und in der Wohnung an einem sonnigen Ort in die Vase gestellt werden, beobachten die Kinder in den nächsten Wochen die weitere Entwicklung der Knospen.
Gerade in den Wintermonaten ist eine vollwertige Mischkost für Kinder besonders wichtig, um ihre Abwehrkräfte zu stärken. Obst und Gemüse liefern die Gesundstoffe, die auch gegen Erkältungsviren schützen. Natürlich gehören zu einer gesunden Winterernährung ausreichende Getränkemengen. Selbst kreierte Kräuter- und Früchtetees bieten dabei interessante Variationen. Abwechslungsreiche Rezepte gemeinsam mit Kindern zu erfinden und zuzubereiten, bildet die Grundlage für Genuss und gesundes Ernährungsverhalten.

Es fiel ein Schnee

Es fiel ein Schnee heut Nacht vom Himmel.
Die Pferde sehen aus wie Schimmel.
Die Bäume sehen aus wie Birken.
Das macht das Schnei'n, dass sie so wirken.
Die kleinen Wege sind fast sauber.
Und wie ein Schneemann steht der Rauber.
Er steht, den Säbel umgeschnallt,
Im Winterwald.
(Peter Hacks)

Ein dicker kleiner Schneemann

Wintersprüche

Ab 6 Jahre

Ein Winter ohne Schnee, tut den Bäumen weh.

Ist der Winter nass und frostig, werden alle Schrauben rostig.

Wenn Spinnen in die Häuser kriechen, sie einen harten Winter riechen.

Was ist das?

Weiß wie Kreide, leicht wie Flaum,
weich wie Seide, feucht wie Schaum.
(Schneeflocke)

Was ist das?

Es ist kalt, es ist heiß, es ist weiß, sieht aus wie Eis?
(Wasser)

Vogelfütterung

Ab 3 Jahre

Jetzt wird es draußen kalt
und weißer Schnee fällt bald.
Die Vögel fliegen hin und her,
sie finden oft kein Futter mehr.
Kommt, bauen wir ein Haus
und streuen darin Futter aus.
Für die ganze Vogelschar,
so wie jedes Jahr.

Gemeinsam überlegen, welche Bewegungen (Gestik, Mimik) zu dem Text passen und sie ausführen.

Die Krähe

Ab 3 Jahre

Krah, krah, kalter Schnee,
der Krähe tun die Beine weh.
In dunkler Zeit, in kalter Zeit,
wartet sie auf den Monat März,
der Sonne bringt und Fröhlichkeit,
vergessen ist dann der Schmerz!

Passend zum Text die Bewegungsanregungen pantomimisch ausführen: Bibbern vor Kälte, über die Beine streichen, die Hände vors Gesicht halten, die Arme mit ausgestreckten Fingern der Sonne entgegenstrecken, den ganzen Körper schütteln.

Frierende Finger

Ab 3 Jahre

Fünf Finger sitzen dicht an dicht.
Sie wärmen sich und frieren nicht.
Der Erste sagt: „Auf Wiedersehn!"
Der Zweite sagt: „Ich will jetzt geh'n!"
Der Dritte, der hält 's nicht mehr aus.
Der Vierte geht zur Tür hinaus.
Der Fünfte ruft: „He ihr, ich frier!"
Da wärmen ihn die anderen vier!

Beginnend mit dem Daumen nacheinander die einzelnen Finger zeigen, zum Schluss eine Faust bilden.

ABC

Ab 3 Jahre

A, B, C die Katze lief im Schnee.
Als sie wieder rauskam,
hat sie weiße Stiefel an.
Da schmolz der Schnee hinweg,
da stand die Katz im Dreck.

Dieser Reim kann im Winter das mühsame Anziehen der Schuhe oder Stiefel unterhaltsam verkürzen.

A chubby little snowman oder: Ein dicker kleiner Schneemann (überliefert)

Ab 6 Jahre

A chubby little snowman
Ein dicker kleiner Schneemann .... *Mit den Armen einen dicken Bauch zeigen,*

had a carrot nose.
hat eine Möhrennase. .... *die Faust vor die Nase halten.*

Along came a bunny
Es kam vorbei ein Hase .... *Zeige- und Mittelfinger hochstrecken und wackeln,*

and what do you suppose?
und was denkst Du? .... *mit dem Zeigefinger wackeln,*

That hungry little bunny
Der hungrige kleine Hase .... *den Bauch reiben,*

looking for his lunch,
suchte sich ein Mittagessen .... *die flache Hand über die Augen halten,*

ate the snowman's carrot nose –
und fraß des Schneemann's Nase – .... *die Faust vor die Nase halten,*

nibble, nibble, crunch!
knabber, knabber, knusper. .... *die Faust zum Mund nehmen und daran knabbern!*

Der Winter, der ist da!

A, B, C, die Katze lief im Schnee (Text und Melodie überliefert)

Ab 3 Jahre

2. A, B, C, die Katze lief im Schnee.
   Leckt ihre kalten Pfötchen rein
   und putzt sich auch das Schwänzelein,
   oh, oh, je, die Katze lief im Schnee.

Die Kinder gehen auf allen vieren durch den Raum, legen sich anschließend auf den Rücken, strecken die Arme in die Luft und strampeln mit den Beinen.

A, A, A, der Winter, der ist da! (Text: Heinrich H. von Fallersleben, Melodie: wie oben)

Ab 6 Jahre

1. A, a, a, der Winter, der ist da!
   Herbst und Sommer sind vergangen,
   Winter, der hat angefangen.
   A, a, a, der Winter, der ist da.

2. E, e, e, er bringt uns Eis und Schnee.
   Malt uns gar zum Zeitvertreiben
   Blumen an die Fensterscheiben,
   E, e, e, er bringt uns Eis und Schnee.

3. I, i, i, vergiss die Armen nie!
   Wenn du liegst in warmen Kissen,
   denk an die, die frieren müssen!
   I, i, i, vergiss die Armen nie!

4. O, o, o, wie sind die Kinder froh!
   Sehen jede Nacht im Traume
   sich schon unterm Weihnachtsbaume.
   O, o, o, wie sind die Kinder froh!

5. U, u, u, jetzt weiß ich, was ich tu!
   Hol den Schlitten aus dem Keller,
   und dann geht es schnell und schneller.
   U, u, u, jetzt weiß ich, was ich tu!

Zur ersten und letzten Zeile jeweils rhythmisch in die Hände klatschen.

Schneeflöckchen, Weißröckchen (Text und Melodie überliefert)

Ab 4 Jahre

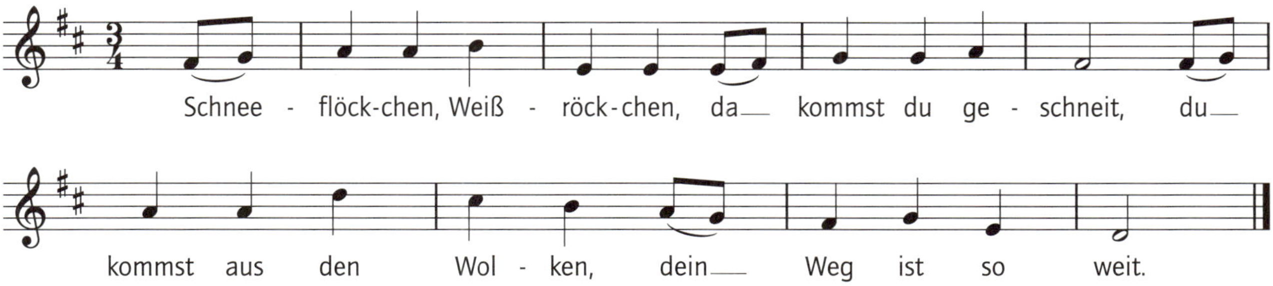

2. Komm, setz dich ans Fenster,
du lieblicher Stern,
malst Blumen und Blätter,
wir haben dich gern.

3. Schneeflöckchen, Weißröckchen
wann kommst du ins Tal,
dann bauen wir den
Schneemann und werfen den Ball.

4. Schneeflöckchen, du deckst uns
die Blümelein zu,
dann schlafen sie sicher
in himmlischer Ruh'.

Beim Singen des Liedes die folgenden Bewegungen ausführen:

- frei durch den Raum gehen und mit einem weißen Tuch winken;
- stehen bleiben und mit ausgestreckten Armen malen;
- das Tuch knüllen, in die Luft werfen und wieder auffangen;
- das Tuch schwenken, auf den Kopf legen, dabei in die Hocke gehen.

Eislicht und Winterzauber

Winterzauberkasten

Ab 6 Jahre

***Material:* Schuhkarton, weißes und blaues Transparentpapier, Papiermesser, Klebstoff, Alufolie, Klarsichtfolie, Watte, weiße Papierreste und allerlei Dinge, die sich zum Gestalten einer verzauberten Winterlandschaft eignen**

Herstellung: In die Seitenteile des Schuhkartons Gucklöcher schneiden, vom Deckel den Boden ausschneiden (bis auf ca. 2 cm Rand) und transparentes Papier einkleben. Den Innenraum des Kartons nun fantasievoll mit den Materialien gestalten. Den Deckel aufsetzen, durch die Gucklöcher schauen und Winterzaubergeschichten erzählen.

Schneekristalle

Ab 5 Jahre

***Material:* weißes Schreibpapier, Becher in unterschiedlichen Größen oder Zirkel, Stift, Schere**

Herstellung: Mithilfe der Becher oder dem Zirkel Kreise auf das Papier aufzeichnen und ausschneiden. Die Kreise zu Halb-, Viertel-, Achtelkreisen falten. Verästelungen (siehe Skizze) einschneiden und anschließend die filigranen Objekte vorsichtig aufklappen und z. B. zur Dekoration an das Fenster kleben.

Eislicht

Ab 4 Jahre

***Material:* leerer Joghurtbecher, Teelicht**

Herstellung: Einen großen Joghurtbecher mit Wasser füllen und das Wasser draußen oder in der Gefriertruhe gefrieren lassen. Eis wächst von außen nach innen und von oben nach unten. Nach ein paar Stunden die Eisform lösen, dazu den Becher kurz in heißes Wasser tauchen, das restliche Wasser abgießen. In die Mitte der Eislaterne ein Teelicht setzen.

Variation: Wird das Wasser mit wasserlöslicher Farbe gefärbt, entstehen bunte Eislaternen. Mit einem Nagel dekorative Muster in die fertigen Eislaternen ritzen.

Duftscheiben

Ab 4 Jahre

***Material:* Apfelsinen, Zitronen, Gewürznelken, Messer, Schere, Geschenkband**

Herstellung: Apfelsinen und Zitronen in Scheiben schneiden (ca. ½ cm dick) und im Backofen bei geringer Hitze trocknen lassen oder auf die Heizung legen. Gewürznelken in die getrockneten Fruchtscheiben stecken. Ein Band als Aufhänger durch die einzelnen Scheiben ziehen. Die Duftscheiben können auch noch mit Glitzer verziert werden.

Eisbärenfangen und Rodeltipps

Eisbärenfangen

Ab 5 Jahre

Material: ein langes Stöckchen oder dünner Ast, Pelzkappe oder Mütze

Verlauf: Der Bär, mit Mütze, hockt in der Kreismitte. Die anderen Spieler stehen im Kreis um den Bären herum, sprechen den Vers und versuchen, sich ihm zu nähern. Der Bär wehrt sich mit seinem Stöckchen, das seine Krallen darstellen soll, er darf aber nicht aufstehen. Erwischt er mit dem Stöckchen einen Eindringling, ist er der nächste Bär.

Spielvers:
Großer Bär, weißer Bär, hockt vor seiner Hütte?
Berühr mich nicht, berühr mich nicht, ach bitte, bitte, bitte!

Variation: Gelingt es einem Eindringling, dem Bär die Mütze zu entwenden, steht der Bär auf, rennt los und versucht, einen der übrigen Eindringlinge zu fangen. Fängt er einen, ist dieser in der nächsten Spielrunde der Bär.

Schneespiralengehen

Ab 6 Jahre

Material: Schneeball

Auf eine unberührte Schneefläche (Wiese, Innenhof) einen Schneeball werfen. Vom Standort aus spiralförmig zu dem Schneeball gehen und in der gleichen Spur wieder rückwärts zurückgehen.

Varianten: In die Schneespirale kleine Eislichter (siehe Seite 54) stellen. Mehrere Spiralen nebeneinander gehen und die Spur mit Steinen oder ähnlichen Dingen markieren.

Schlitten-Check

Ab 5 Jahre mit Hilfe des Erwachsenen

- Auf geprüfte Sicherheit achten! Kinder sollten nur mit Holz- oder Kunststoffschlitten rodeln, die das GS-Zeichen für geprüfte Sicherheit oder das TÜV-Zeichen aufweisen.
- Schlitten zu Beginn des Winters durchchecken, gefährlich sind vor allem scharfe Kanten an den Kufen.
- Hochgebogene Kanten mit dem Hammer wieder gerade klopfen.
- Metallschienen eventuell mit der Holzkufe fest verschrauben.
- Herausragende Nägel wieder einschlagen.
- Beschädigte Stellen am Holz glatt schmirgeln.

Rodeltipps

Ab 6 Jahre

- An einem übersichtlichen, flach auslaufenden Hang testen, wie sich der Schlitten lenken und bremsen lässt.
- Im Sitzen lässt sich der Schlitten besser steuern und bremsen als auf dem Bauch.
- Stets einen Sicherheitsabstand zum Vordermann halten.
- In Kurven nie stehen bleiben, schnell auf die Innenseite der Kurve wechseln oder die Bahn verlassen.

- **Achtung:** Reifen oder Plastikplanen sind keine Alternative zum Rodelschlitten, sie lassen sich nicht lenken.

Obstsalat im Schnee

Nikolausauflauf

Ab 6 Jahre

***Zutaten:* 4 Brötchen, 3 Tassen Milch, 1 Ei, 1 Messerspitze Salz, 1 Esslöffel Butter, 3 bis 4 Esslöffel Zucker, 2 Esslöffel ungeschwefelte Rosinen (waschen, trocknen), 2 Esslöffel gehobelte Mandeln, 3 Äpfel, Puderzucker**

Zubereitung: Geschälte, entkernte Äpfel und die Brötchen feinblättrig schneiden. Milch und Ei verquirlen und über die Brötchen geben. Eingeweichte Brötchenscheiben in die gefettete Auflaufform geben, Apfelscheiben darauflegen, Zucker, Mandelscheiben und Rosinen darüberstreuen, abwechselnd einschichten, als letzte Schicht Brötchenscheiben legen. Butterflöckchen aufsetzen, mit dem restlichen Zucker bestreuen. Auf der unteren Schiene bei 200 bis 225 Grad etwa 45 bis 60 Minuten backen. Vor dem Verzehr etwas auskühlen lassen und mit Puderzucker bestäuben.

Obstsalat im Schnee

Ab 4 Jahre

***Zutaten:* 3 Mandarinen, 2 Kiwi, 1 Apfel, 1 Banane, 2 Esslöffel Ahornsirup, Saft einer Zitrone, ½ Becher Sahne, 250 g Magerquark, 1 Esslöffel Zucker, Puderzucker (oder Kokosflocken) zum Bestäuben**

Zubereitung: Die Früchte schälen und in kleine Stücke schneiden, mit Zitronensaft und Ahornsirup vermengen. Die Sahne mit dem Zucker steif schlagen, den Quark unterziehen. Die Quarkmasse in eine flache Schale füllen, den Obstsalat gleichmäßig darauf verteilen und Puderzucker darüberstäuben.

Wintertee

Ab 5 Jahre

***Zutaten:* 5 Tassen Wasser, je 1 Aufgussbeutel Pfefferminz-, Apfel- und Holundertee, 2 Esslöffel Ahornsirup**

Zubereitung: Das Wasser zum Kochen bringen und die Aufgussbeutel 5–10 Minuten ziehen lassen, den Ahornsirup einrühren.

Gemüsesuppenwichtel

Ab 6 Jahre

***Zutaten:* 1 Gemüsezwiebel, 1 Lauchstange, 2 mittelgroße Kartoffeln, ¼ Weißkohl, 3 mittelgroße Möhren, 1 kleiner Brokkoli, 4 Esslöffel Olivenöl, ¾ Liter Gemüsebrühe, Salz, Pfeffer**

Zubereitung: Das Gemüse putzen, in wichtelkleine Stücke schneiden. Zwiebel, Lauch und Kartoffeln in dem heißen Öl kurz anbraten, die anderen Gemüsestücke hinzugeben, mit Brühe auffüllen und ca. 10 bis 15 Minuten leicht kochen lassen. Abschließend mit Salz und Pfeffer abschmecken.

Bunte Eiswürfel und Vogelkekse

Bunte Eiswürfel

Ab 6 Jahre

***Material:* Gefrierschalen, Ausstechformen, Sandspielzeug, Playmobilfiguren, Salzstreuer**

Herstellung: Wasser in die Schalen füllen, draußen oder im Gefrierschrank gefrieren lassen. Später die Gefäße kurz in heißes Wasser tauchen und das Eis herauslösen. Aus den Würfeln, Kugeln usw. eine Eisburg bauen, dabei die einzelnen Teile mit Salz verkleben, am besten draußen, auf einem Tablett als Unterlage. Zum Spielen sind Playmobilfiguren gut geeignet. Während des Tauvorgangs verändert sich nach und nach das Aussehen der Eisburg.

Variationen: Mit Lebensmittelfarbe gefärbtes Wasser verwenden. In die Eisform mit einer heißen Nadel (mit der Zange die Nadel in der Kerzenflamme erhitzen) ein Loch bohren, einen Aufhängefaden durchziehen und draußen aufhängen.

Sommerschneemann

Ab 4 Jahre

***Material:* Klarsichtfolie, Schneebälle**

Herstellung: Im Winter unterschiedlich große Schneebälle formen, in Klarsichtfolie luftdicht verpacken und die Kugeln bis zur Verwendung in der Gefriertruhe lagern. Bei Bedarf die Schneekugeln aus der Folie nehmen und zu einem Schneemann zusammensetzen, verzieren und zur Tischdekoration bei einem Fest verwenden.

Vogelkekse

Ab 6 Jahre (mit Hilfe des Erwachsenen)

***Material:* Sonnenblumen-, Kürbis-, Nusskerne (ungesalzen), reines Kokosfett von guter Qualität, unterschiedliche kleine Backformen, Stieltopf, Kochlöffel, Alufolie, Nägel, feste Kordel**

Herstellung: Die Backformen auf Stücke der Alufolie setzen, Folie hochkrempeln. Das Kokosfett in dem Topf bei mittlerer Hitze schmelzen.
Vorsicht, das Fett kann brennen!
Danach das Fett etwas abkühlen lassen. Die Futtermischung in das Fett rühren und die Masse in die Backformen kneten. In jeden Keks einen Nagel stecken und ein paar Stunden auskühlen und fest werden lassen. Danach die Nägel vorsichtig herausdrehen und eine Kordel durch die Löcher ziehen.
Die Vogelkekse an einem geschützten, aber gut beobachtbaren Platz aufhängen.

Erdnusskette für Vögel

Ab 4 Jahre

***Material:* Erdnüsse (z. B. Reste vom Weihnachtsteller), Nähnadel, Zwirngarn**

Herstellung: Die Erdnüsse mit Hilfe von Nadel und Zwirngarn auffädeln. Die Ketten bei Schneewetter draußen, verteilt in Bäumen und Sträuchern, aufhängen.

Geburtstag 2.1

Für fast alle Kinder gehört der eigene Geburtstag zu den Höhepunkten des Jahres. Er ist ein Tag voller Erwartungen. Egal ob er innerhalb oder außerhalb des Familienkreises gefeiert wird, bleibt er als Höhepunkt dauerhaft in Erinnerung. Für jedes Lebensjahr gibt es eine Kerze und vielleicht geht ein geheimer Wunsch in Erfüllung, wenn das Geburtstagskind alle Kerzen auf einmal ausblasen kann.

Ob das Kind nach seiner Geburtstagsfeier zufrieden ist, hängt nicht allein von der Größe und Menge der Geschenke ab, sondern von der Art und Weise der Festgestaltung. Das Geburtstagskind soll auf jeden Fall an seinem Ehrentag im Mittelpunkt stehen und von der Familie gefeiert werden.

Hier einige Tipps, die zum Gelingen eines Geburtstagsfestes zu Hause beitragen können:

- Je nach Alter sollte das Geburtstagskind so viel wie möglich in die Planung mit einbezogen werden.
- Möglichst das Kind entscheiden lassen, wen es einladen will (Geburtsalter = Anzahl der Gäste).
- Ein Geburtstagslied begleitet das Geburtstagskind zu seinem mit Kerzen und Blumen geschmückten Gabentisch.
- Geschwister sind mitunter eifersüchtig auf das Geburtstagskind. Auch sie können ein kleines Geschenk erhalten oder eine besondere Aufgabe übernehmen.
- Nicht jedes Geburtstagskind kann es ertragen, im Mittelpunkt zu stehen. Es braucht den Erwachsenen, der beim Einschenken der Getränke hilft oder ein Spiel anleitet.
- Bei Geburtstagsfeiern wird den Kindern häufig eine Fülle von Festtagsspeisen angeboten. Für die meisten Kinder jedoch ist das Essen gar nicht so wichtig, die gemeinsame Zubereitung der Speisen kann hingegen viel mehr Spaß machen.
- Bei der Auswahl der Spiele darauf achten, dass die Spiele allen, nicht nur den Siegern, Spaß machen. Möglichst keine Wettspiele auswählen, sondern Spiele, die ein ausgewogenes Verhältnis von Bewegung und Entspannung bieten und kreatives und gemeinschaftliches Tun fördern.
- Auf das Aussetzen von Preisen sollte verzichtet werden. Für alle Geburtstagsgäste ist es schöner, zum Schluss des Festes eine kleine Erinnerung mit nach Hause zu nehmen, z. B. etwas Selbsthergestelltes oder ein Gruppenfoto.
- Spielräume sind Toberäume, von daher sind Räume geeignet, die Platz bieten und Unordnung zulassen, z. B. ein Partykeller, Hobbyraum oder Garten. Stehen keine geeigneten Räume zur Verfügung, bieten sich Aktivitäten außer Haus an, z. B. ein Picknick, Zoobesuch, eine Stadtrallye, eine Wanderung mit Schatzsuche, Ponyreiten oder ein Besuch auf dem Bauernhof.
- Der Geburtstag endet mit einem gemeinsamen ruhigen Ausklang, z. B. mit dem Vorlesen einer Geschichte, einem „Kasperle-Theaterstück“ oder dem „Nach-Hause-Bringen“ der Geburtstagsgäste mit Laternen oder Taschenlampen.

Geburtstagsluft und Kuchenduft

Geburtstagsfeier der Maus

Ab 3 Jahre

Eine Maus geht spazieren.	*Zeige- und Mittelfinger krabbeln über den Arm des Kindes,*
Sie trifft einen Igel,	*einzelne Finger pieksen,*
dann einen Elefanten,	*die Faust stampft,*
zuletzt eine Schlange.	*ganze Hand streicht,*
Sie lädt sie zum Geburtstag ein.	
Zuerst kommt der Igel,	*pieksen,*
dann der Elefant,	*stampfen,*
zum Schluss die Schlange.	*streichen,*
Sie feiern, lachen und tanzen.	*überall kitzeln.*
Als sie müde werden,	
gehen sie wieder nach Hause.	
Zuerst der Igel,	*Pieksen,*
dann der Elefant.	*stampfen,*
und am Ende die Schlange..	*streichen.*

Becherpuppe

Ab 5 Jahre

***Material:** 1 Joghurtbecher, 1 Holzlöffel, Woll- oder Fellreste für die Haare, Stoffreste für das Kleid, 1 Pfeifenputzer für die Arme, dicke Holzperlen für die Hände, Klebstoff, Schere, wischfeste Filzstifte.*

Herstellung: In den Boden des Jogurtbechers ein Loch schneiden, sodass der Holzlöffel gut bewegt werden kann. Der Löffel bekommt an seiner Rundseite ein Gesicht und eine Frisur oder Kopfbedeckung. Den Stoff für das Kleid doppelt legen und ausschneiden. An der Bruchkante eine Rundung für den Hals schneiden. Der Pfeifenputzer wird um den Stiel des Löffels gewickelt, sodass zwei Enden als Arme übrig bleiben, auf die jeweils eine Perle als Hand geklebt wird. Das Kleid wird angezogen und mit einem Band unter den Armen gehalten. Den Stab von oben in den Joghurtbecher schieben und nach Belieben auf und ab bewegen.

Alle Festgäste spielen zusammen Puppentheater.

Witzige Geburtstagsgeschenke

Ab 6 Jahre

Die Spieler sitzen im Kreis. Jeder flüstert seinem linken Nachbarn ins Ohr, was er ihm gerne schenken würde, und dem rechten Nachbar, was er mit diesem Geschenk machen soll. Danach erzählen alle nacheinander von ihren Geschenken und den kuriosen Tätigkeiten, z. B. „Ich bekomme eine Taucherbrille und soll damit Fußball spielen."

Wer ist das Kätzchen?

Ab 5 Jahre

Alle Gäste sitzen im Kreis. Ein Kind wird durch einen Abzählreim bestimmt und bekommt die Augen verbunden. Dieses Kind schleicht nun im Kreis herum, hält bei einem andern Kind und spricht es an: „Ich bin die Geburtstagsmaus, ich bin sehr schlau, du kleines Kätzchen sag mal Miau!" Nach dem Gehör soll die Geburtstagsmaus den Namen des Kätzchens (Kindes) erraten. Wem es gelingt, den richtigen Namen des Kindes zu nennen, übernimmt die Rolle der Maus.

Abzählreim

Kerzenlicht und Kuchenduft
und etwas Geburtstagsluft.
Viel Glück wünscht die Geburtstagsmaus.
Du bist raus!

Die Elefantenherde (eine Mitmachgeschichte)

Ab 3 Jahre

„Tief im Urwald wohnte eine alte Elefantenherde.
Da gab es den Großvaterelefant, der lief immer so:
umba, umba, umba nero (3-mal mit tiefer Stimme).
Dann gab es dort noch die Großmutterelefant, die war schon sehr alt und konnte nicht mehr so gut laufen, die lief immer so:
umbaah,- umbaah,- umbaah, ne-roo (3-mal mit stöhnender Stimme).
Dann gab es noch den Papaelefant, der ging immer so:
umba, umba, umba nero (3-mal mit lauter Stimme).
Und es gab noch die Mamaelefant, die ging immer so:
umba, umba, umba, nero (3-mal mit hoher Stimme).
Und dann gab es da noch den Babyelefanten. Der hatte es immer sehr eilig, der ging immer so:
umba, umba, umba, nero (3-mal schnell sprechen).
Und zuletzt gab es da noch die vornehme Elefantentante, die ging immer so:
umba, umba, umba nero (3-mal vornehm sprechen).
Eines Tages wollten die Elefanten am Palaverplatz ein großes Palaver abhalten und das ging so:
palaver, palaver, palaver (mit den Händen stark gestikulieren).
Aber dem Elefantenbaby war das viel zu langweilig und deswegen schlich es sich leise fort:
umba, umba, umba, nero (3-mal flüstern).
Und als es die Erwachsenen nicht mehr sah, lief es ganz schnell zum Fluss:
umba, umba, umba, nero (3-mal schnell sprechen).
Am Fluss lag das alte Krokodil und gähnte (Arme wie ein Krokodilmaul öffnen). Und als das Elefantenbaby seinen Rüssel ins Wasser steckte, um zu trinken, machte das Krokodil happs und das Elefantenbaby war gefangen. Laut rief es um Hilfe: ‚Hilfe Mama, Hilfe!'
Die Mutter am Palaverplatz erschrak und rannte los zum Fluss:
umba, umba, umba nero (3-mal schnell sprechen). Am Fluss angekommen, steckte sie ihren Rüssel ins Wasser und trank und trank und trank. Und als sie alles Wasser in sich aufgesogen hatte, spritzte sie es dem Krokodil ins Gesicht. Vor Schreck riss das Krokodil sein Maul ganz weit auf und das Elefantenbaby konnte davonlaufen:
umba, umba, umba, nero (3-mal schnell sprechen).
Seitdem muss das Krokodil nur noch Fische fressen."

Ein Erwachsener erzählt die Geschichte mit passenden Bewegungen und die Kinder machen diese nach.

Wir gratulieren!

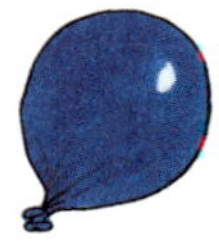

Stimmungslied (auf die Melodie: Eine Seefahrt, die ist lustig)

Ab 3 Jahre

1. Ein Geburtstag, der ist lustig, ein Geburtstag, der ist schön,
   ja da kannst du viele Kinder lachen, toben, tanzen seh'n.
   Refrain: Holahie, Holahoo, Holahiahiahia, Holahoo.
2. Dass uns gleich beim ersten Verse auch der echte Rhythmus packt,
   schlagen wir jetzt mit der Rechten auf den Schenkel schön im Takt.
   Refrain: Holahie, Holahoo ...

3. Um den Takt auch gut zu hören, schlagen munter wir und frisch,
   mit der Faust von unsrer Linken alle etwas auf den Tisch.
   Refrain: Holahie, Holahoo ...

4. Weil der Krach euch hat gefallen, macht dasselbe noch einmal,
   außerdem stampft mit den Füßen alle kräftig alle mal.
   Refrain: Holahie, Holahoo ...
5. Alle Stühle jetzt beiseite, und das muss viel schneller geh'n,
   und dann schubsen wir den Nachbarn einmal links und rechts im Steh'n.
   Refrain: Holahie, Holahoo ...

6. Und jetzt steh'n wir alle grade, jeder fasst den Nachbarn an,
   eingehenkelt jetzt zum Schunkeln, wie der Seemann in dem Kahn.
   Refrain: Holahie, Holahoo ...
7. Und zum Schluss geht es noch weiter, wir sind außer Rand und Band,
   setzt die Hände in Bewegung und klatscht kräftig in die Hand.
   Refrain: Holahie, Holahoo...

Happy birthday to you

Ab 3 Jahre

Das bekannte Geburtstagslied in vier Sprachen:

Englisch

Happy birthday to you,
happy birthday to you,
happy birthday dear ....,
happy birthday to you.

Deutsch

Zum Geburtstag viel Glück,
zum Geburtstag viel Glück,
zum Geburtstag liebe(r) ....,
zum Geburtstag viel Glück.

Türkisch

Iki dogdun ....
Iki dogdun ....
Iki dogdun, iki dogdun,
Iki dogdun ....

Italienisch

Tanti auguri a te,
tanti auguri a te,
tante auguri, tante auguri,
tante auguri a te.

Geburtstagssingspiel (volkstümlich)

Ab 5 Jahre

Und wer im Januar Geburtstag hat,
tritt ein, kommt her, macht mit.
Wir freuen uns drauf und begrüßen uns laut:
Hallo! Guten Tag! Viel Glück!
Wir tanzen und singen und drehen uns um.
Wir hüpfen und klatschen und fallen nicht um.

Die Kinder gehen angefasst im Kreis und singen. Alle, die z. B. im Januar (usw.) Geburtstag haben, treten in die Mitte und führen die im Text angegebenen Bewegungen aus.

Trinkhalmturner und Überraschungsdampfer

Trinkhalmturner

Ab 5 Jahre

***Material:* weißes festes Papier, Bleistift, Schere, Malstifte, Klebstoff, Plastik-Trinkhalme**

Herstellung: Die Figuren (siehe Skizze unten, fertige Größe ca. 8 x 9 cm) können beliebig verändert werden. Das Muster auf Papier übertragen, anmalen, ausschneiden. Durch die Schlaufen an den Pfoten kurz einen Bleistift stecken, dann kann später der Trinkhalm leichter durchgeschoben werden. Durch die Trinkhalm-Turner können alle Geburtstagsgäste ihre Gläser wiedererkennen.

Die Trinkhalme können zum Schluss der Geburtstagsfeier mit der Schere in kleine Stücke geschnitten und auf einem Band zu einer bunten Kette aufgefädelt werden.

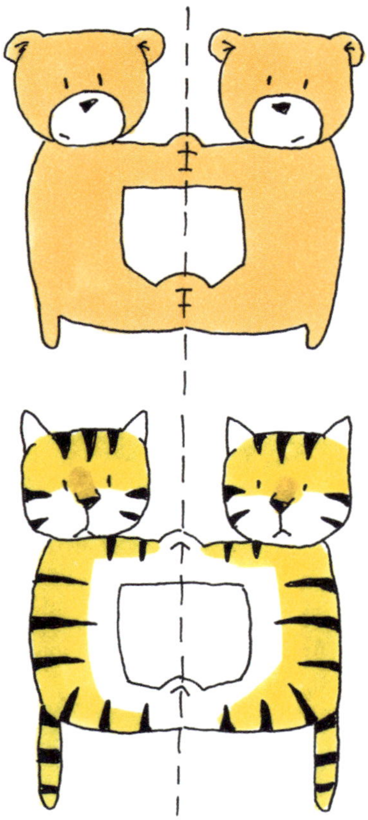

Einladungskarten:

Fingerdruck-Karte

Ab 3 Jahre

***Material:* Tonpapier, Fingerfarbe, Filzstifte, Schere**

Herstellung: Aus Tonpapier wird eine Klappkarte in Postkartengröße geschnitten (21 x 15 cm). Auf die Vorderseite drucken die Kinder ihre mit Fingerfarbe gefärbten Finger. Nach dem Trocknen können diese Fingerspuren mit Filzstiften zu fantasievollen Wesen gestaltet werden.

Apfel-Karte

Ab 5 Jahre

***Material:* farbiges Tonpapier, Faltpapier, Malblätter, Klebstoff, Schere**

Herstellung: Aus Tonpapier wird eine doppelte Apfelform ausgeschnitten, sodass der Apfel an einer Seite aufgeklappt werden kann. Hier hinein kleben die Kinder eine kleine Raupe („Hexentreppe", Anleitung siehe Seite 15) mit einem Kopf. Beim Aufklappen der Karte kommt die Raupe in Bewegung.

Großmaul-Karte

Ab 6 Jahre

***Material:* Tonpapier, Malblätter, Buntstifte, Schere, Kleber**

Herstellung: Aus Tonpapier wird eine Klappkarte in Postkartengröße geschnitten (21 x 15 cm). Ein weißes Malblatt in der Größe 14 x 12 cm wird in der Mitte gefaltet und an der geschlossenen Seite 4 cm und von unten ca. 3,5 cm eingeschnitten. Zu beiden Seiten des Schnittes Dreiecke nach außen klappen. Durch das entgegengesetzte Zusammenklappen des Blattes öffnet sich nun ein trapezförmiges „Maul", um das ein Gesicht gemalt wird.

Bananenkappe

Ab 5 Jahre

Material: weißer Fotokarton, Bleistift, Schere, Bunt- oder Wachsmalstifte, Locher, Gummiband

Herstellung: Muster auf Fotokarton übertragen (siehe Skizze rechts, fertige Größe 24 x 15 cm), ausschneiden und mit den Stiften farbig gestalten. Mit dem Locher beidseitig Löcher anbringen und ein Gummiband daran befestigen.

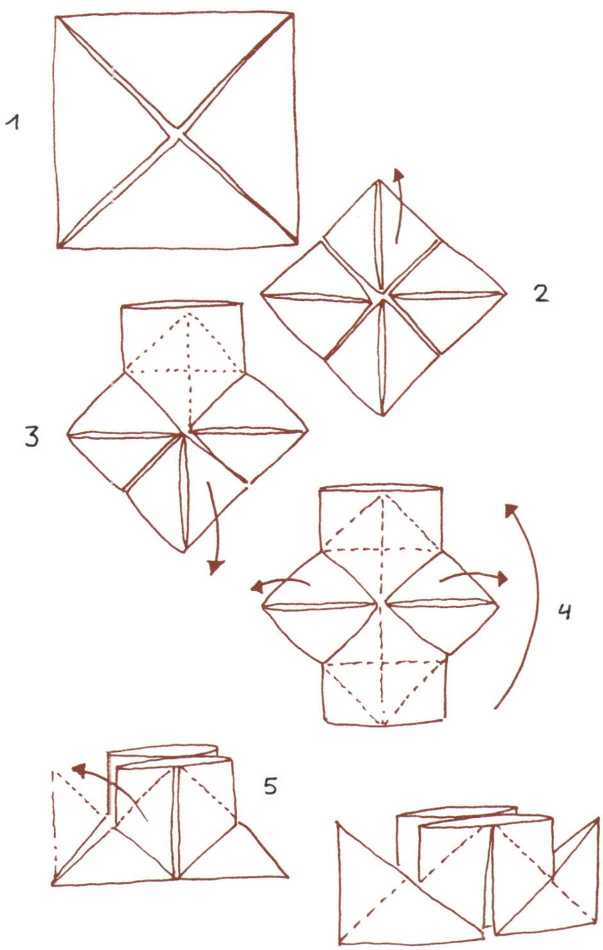

Überraschungsdampfer

Ab 6 Jahre

Material: quadratisches Faltpapier (21 x 21 cm), Buntstifte

Herstellung: Alle Ecken zum Mittelpunkt falten (siehe Skizze 1); das Blatt wenden. Erneut alle Ecken zum Mittelpunkt falten; wenden.
Zum dritten Mal die Ecken zum Mittelpunkt falten; wenden (siehe Skizze 2). Ein Quadrat so nach oben klappen, dass es sich öffnet (ein Schornstein). Mit dem gegenüberliegenden Quadrat ebenso verfahren (zweiter Schornstein) (siehe Skizze 3).
Die Spitzen der beiden anderen Quadrate nach außen ziehen, sodass der Dampfer Bug und Heck erhält (siehe Skizze 4 und 5).

Die Dampfer werden angemalt, mit den Namen der Geburtstagsgäste beschriftet und evtl. mit einer süßen Überraschung (Kaugummi, Lolli, Müsliriegel) als Namensschild auf die Geburtstagstafel gestellt.

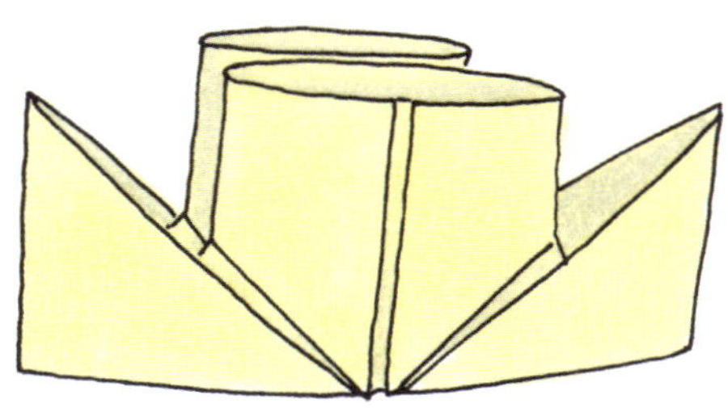

Mensch ärgere dich nicht

Luftballonmatratze

Ab 3 Jahre

Material: 1 alter Bettbezug, ca. 50 Luftballons, Luftballonpumpe

Ein alter Bettbezug wird mit ca. 50 aufgeblasenen Luftballons gefüllt. Draußen auf der Wiese oder in einem großen Spielraum können die Kinder auf dieser Luftballonmatratze ausgelassen toben oder sich entspannen.

Milchtüten-Dampfer

Ab 3 Jahre

Material: eine leere Milchtüte, Schachteln, Klorollen, Watte, Wachsmalstifte, Klebstoff, Schere, Band

Herstellung: Milchtüte von außen anmalen. Eine Fläche der Milchtüte aufschneiden. In den so entstandenen Schiffsrumpf bemalte Schachteln und Rollen kleben und evtl. kleine Spielfiguren hineinsetzen. An der vorderen Lasche ein ca. 3 Meter langes Band befestigen, das andere Ende um eine leere Klorolle binden und den Dampfer zu Wasser lassen (Badewanne, Planschbecken, Teich oder imaginäres Wasser = blaue Plastikfolie)

Alle Mitspieler stehen mit ihren Schiffen in einer Reihe. Auf ein Zeichen wickeln alle ihre Schiffsbänder auf die Klorollen.

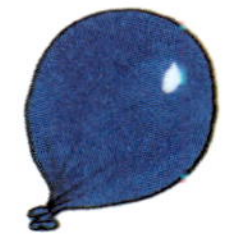

Familientreffen

Ab 6 Jahre

Material: 4 Stühle, Hut mit Karten der 4 Familienmitglieder

Ziel des Spiels ist, dass sich die 4 Familien: Müller, Meier, Schulz, Schmidt finden müssen. In einem Hut befinden sich auf entsprechenden Karten die Namen der Familienmitglieder, z. B. Vater Müller, Mutter Müller, Kind Müller, Baby Müller. Jeder Spieler zieht verdeckt eine Karte. Alle gehen durch den Raum. Bei dem Kommando „Familientreffen" müssen alle ihren gezogenen Namen laut rufen, sich für einen Stuhl entscheiden und alle 4 in der oben genannten Reihenfolge daraufsetzen. Welche Familie ist die schnellste?

Dosenstelzen

Ab 5 Jahre (mit Hilfe des Erwachsenen)

Material: zwei Weißblechdosen (850 ml), starkes Paketband, Plakafarbe und Pinsel oder Buntpapier und Klebstoff

Herstellung: Die Deckel der Dosen entfernen und evtl. überstehendes Blech mit der Zange begradigen. Die Dosen entweder bemalen oder mit buntem Papier bekleben. 1 bis 2 cm unterhalb des Dosenbodens an gegenüberliegenden Stellen mit einem Nagel zwei Löcher hineinschlagen, durch die das Band gezogen wird. Die Länge des Bandes richtet sich nach der Größe des Kindes (bis zur Hüfte).

Zunächst erproben die Kinder das Stelzenlaufen mit Hilfestellung des Erwachsenen. Mit geübter Sicherheit kann ein Parcours markiert werden.

Geburtstagsmemory

Ab 5 Jahre

Material: weiße Pappteller, Filzstifte

Das Geburtstagsmemory wird genauso gespielt wie das bekannte Memoryspiel. Statt der üblichen Karten werden weiße Pappteller verwendet, die vorher von den Kindern mit jeweils zwei gleichen Gesichtern gestaltet werden, sodass ein Memoryspiel entsteht.

Dieses Spiel eignet sich besonders gut in größeren Räumen oder draußen im Garten.
Nach dem Spiel werden aus den Tellern Augen, Nase und Mund ausgeschnitten, ein Band daran befestigt und als Maske aufgesetzt. Mit weiteren Requisiten wie Tüchern oder Verkleidungsmaterial entstehen kleine Rollenspiele.

Kartenrutschen

Ab 6 Jahre

Material: ein Uno-Kartenspiel, pro Mitspieler ein Stuhl

Alle sitzen im Kreis. Jeder Spieler erhält eine Uno-Karte, die übrigen Karten hält der Spielleiter als Stapel in der Hand. Er hält eine Karte hoch, worauf alle mit der entsprechenden Kartenfarbe einen Platz weiterrutschen müssen, d. h. Schoß auf Schoß. Wer zuerst wieder auf seinem Platz angekommen ist, hat gewonnen.

Alle Vögel fliegen hoch

Ab 3 Jahre

Alle sitzen im Kreis und klatschen auf ihre Oberschenkel. Der Erwachsene ruft: „Alle Vögel fliegen hoch!" und streckt dabei die Arme hoch, die Mitspieler heben ebenso die Arme hoch. Die Arme dürfen nur in die Luft gestreckt werden, wenn Begriffe genannt werden, die fliegen können. Wer bei anderen Namensnennungen die Arme hochhebt, muss einmal um den Kreis herumlaufen.

Dieses Spiel sorgt mit wenig Aufwand für viel Abwechslung.

Mensch ärgere dich nicht (für 4–8 Spieler)

Ab 6 Jahre

Material: runde Plastikfolie 3 x 3 Meter, Permanent-Stifte, Tonkarton in 4 verschiedenen Farben, Schere, Klebstoff, 1 großer Würfel, Igluzelt, 4 Stühle, Naschwerk

In Anlehnung an das bekannte Spiel gestalten die Kinder gemeinsam das Spielfeld und entwickeln eigene Spielregeln. Aus Tonkarton werden spitze Hüte gestaltet, die die Spieler als Spielfiguren auf ihrem vorgezeichneten Weg mitführen. Die Spieler können die Hüte auch auf den Kopf setzen und werden so zu lebenden Spielfiguren, die durch Würfeln in die Gewinnzone, das in der Mitte stehende Zelt, gelangen müssen. In der Gewinnzone erwartet die Sieger Naschwerk und andere Köstlichkeiten.

Weitere Infos
www.kindergeburtstag-spiele.de
www.kinderpartyfun.de

Müsliriegel und Gemüsefische

Müsliriegel

Ab 6 Jahre

***Zutaten:** 1 ½ Tassen Mehl, 300 g Müsli (Mischung aus Haferflocken, Rosinen, Nüssen, Trockenfrüchten), 3 Eier, 3 Esslöffel Öl, 3–4 Esslöffel Honig, etwas Vanille, knapp ¼ Liter Apfelsaft oder Wasser*
***Zum Bestreuen:** Sesam, Sonnenblumenkerne oder gehackte Nüsse*

Zubereitung: Mehl mit der Müslimischung vermengen, die Eier trennen und das Eigelb mit Öl, Honig und Apfelsaft verrühren. Unter die Müslimischung geben. Das Eiweiß zu steifem Schnee schlagen und vorsichtig unter den Teig heben. Auf einem mit Backpapier ausgelegten Backblech gleichmäßig verteilen und mit Sesam und Sonnenblumenkernen oder Nüssen bestreuen.
Backzeit: ca. 20 Minuten, 200 Grad, mittlere Schiene. Den noch warmen Teig in Rechtecke schneiden.

Sesam-Waffeln (ca. 10 Stück)

Ab 6 Jahre

***Zutaten:** 2 ½ Tassen Weizenvollkornmehl, 1 Tasse gemahlene Nüsse, ½ Päckchen Trockenhefe, 100 g zerlassene Butter, 4 Eier, 4 Esslöffel flüssiger Honig, 1 Esslöffel Zimt, etwas Vanille, ½ Liter Milch, Sesamkörner für das Waffeleisen*

Zubereitung: Alle Zutaten zu einem glatten Teig verrühren, ½ Stunde ruhen lassen und falls er zu dickflüssig ist, noch etwas Milch hineinrühren. Das vorgeheizte Waffeleisen leicht einfetten, mit Sesamkörnern ausstreuen und eine Schöpfkelle Teig hineingeben. (Der Prozess des Waffelbackens wird von jüngeren Kindern als langwierig und eintönig empfunden und sollte daher besser von Erwachsenen übernommen werden.)

Zaubertrank

Ab 4 Jahre

***Zutaten:** Pfefferminztee, Honig, Saft einer Zitrone, 1 Banane, 3 Äpfel, 1 kleine Dose Mandarinen, 1 Flasche Mineralwasser*

Zubereitung: Den fertig gekochten Pfefferminztee mit Honig süßen und kalt stellen. Äpfel und Banane schälen, in kleine Stücke schneiden, in eine Schüssel geben und mit dem Zitronensaft begießen. Die Mandarinen mit dem Saft dazugeben, mit dem Pfefferminztee auffüllen und nochmals kalt stellen. Kurz vor dem Servieren das Mineralwasser hinzufügen.

Früchtchen am Stöckchen

Ab 4 Jahre

***Zutaten:** verschiedene Obstsorten der Saison, z. B.: Äpfel, Birnen, Bananen, Nektarinen, Weintrauben, Kiwi, Zitronenmelisse, Zitronensaft, Schaschlikstäbe*
***Für den Dipp:** 200 g Naturjoghurt, 2 Esslöffel Honig*

Zubereitung: Äpfel, Birnen, Nektarinen, Zitronenmelisse und Weintrauben gut waschen. Kiwi und Bananen schälen. In häppchengroße Stücke schneiden und mit Zitronensaft beträufeln. Fruchtstücke abwechselnd auf Schaschlikstäbe stecken, kleine Blätter der Zitronenmelisse dazwischenschieben. Joghurt mit Honig verrühren und als Dipp zu den Früchtchen am Stöckchen reichen.

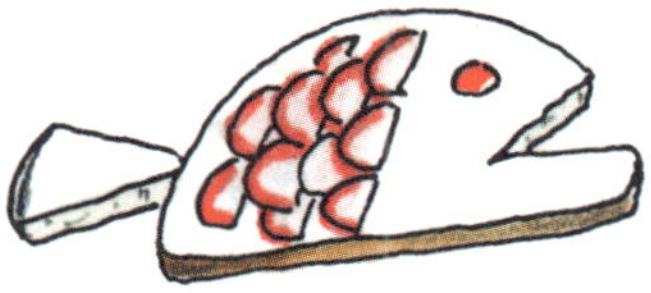

Gemüse-Fische

Ab 4 Jahre

***Zutaten:** pro „Fisch" eine Scheibe Brot, Frischkäse, verschiedene Gemüsesorten, z. B. Salatgurke, kleine Tomaten, Radieschen, Möhren, Paprika, Kohlrabi, Salatblätter, Schnittlauch, Petersilie, Zitronenmelisse*

Zubereitung: Das Gemüse gut waschen, Möhren und Kohlrabi schälen. In Scheiben schneiden und nach Gemüsesorten getrennt in kleine Schüsseln geben. Salatblätter und Kräuter waschen und ebenfalls getrennt in kleine Schüsseln geben.
Die Brotscheibe mit Frischkäse bestreichen. An einer Seite der Brotscheibe ein Dreieck als Fischmaul herausschneiden und auf der gegenüberliegenden Seite als Schwanzflosse anhängen.

Mit dem vorbereiteten Gemüse, den Salatblättern und den Kräutern gestaltet jeder Geburtstagsgast einen Fisch nach seinem eigenen Geschmack.

Fische im Meer

Ab 5 Jahre

***Zutaten:** 2 Flaschen Zitronenlimonade, einige Tropfen blaue Lebensmittelfarbe, 1 Zitrone, 2 Äpfel*

Zubereitung: Ein durchsichtiges Gefäß bis zu ¾ mit Zitronenlimonade füllen. Einige Tropfen blaue Lebensmittelfarbe dazugeben, bis sich die Limo verfärbt. Eine Zitrone abwaschen, abtrocknen, in Scheiben schneiden und dazugeben. Zwei Äpfel schälen, in dünne Scheiben schneiden und mit Zitronensaft beträufeln. Mit einem Messer aus den Scheiben kleine Fische schneiden. In das „Meer" geben.

Würstchen im Mantel

Ab 4 Jahre

***Zutaten pro Esser:** 2 Scheiben Toastbrot, etwas Butter, Senf, 2 kleine Würstchen aus der Dose, Zahnstocher, Margarine zum Einfetten des Blechs*

Zubereitung: Beide Scheiben Toastbrot mit dem Nudelholz flach rollen, mit Butter und etwas Senf bestreichen. In jede Toastbrotscheibe ein Würstchen einwickeln und mit Zahnstochern feststecken. Auf ein gefettetes Blech legen und mit Butter bepinseln.
Im vorgeheizten Ofen bei 200 Grad 15 Minuten backen und heiß essen (in Papierservietten einwickeln).

Geburtstagsherzen

Ab 6 Jahre

***Zutaten:** 125 g Butter, 125 g Honig, 125 g Sirup, 125 g Zucker, 500 g Mehl, 50 g gemahlene Haselnüsse, 1 Tüte Pfefferkuchengewürz, 1 Esslöffel Kakao, ½ Tüte Backpulver, Saft einer halben Zitrone*

Zubereitung: Butter, Honig, Sirup und Zucker in einem Topf erhitzen, abkühlen lassen. Danach Mehl, Nüsse, Pfefferkuchengewürz, Kakao, Backpulver und den Zitronensaft nacheinander unter die Masse rühren und den Teig kräftig durchkneten. 1 Stunde in den Kühlschrank stellen. Auf einer bemehlten Unterlage fingerdick ausrollen. Mit Hilfe einer Schablone ein Herz ausschneiden und mit einer Stricknadel oben zwei Löcher hineinbohren.
Auf einem gefetteten Backblech auf der mittleren Schiene bei 200 Grad 35 Minuten backen.

Das abgekühlte Herz mit Zuckerschrift, Schokoglasur, bunten Streuseln oder Dragees verzieren, ein Band durchziehen und in Klarsichtfolie packen und als Erinnerungsgeschenk an alle Geburtstagsgäste zum Abschluss verteilen.

Karneval – Fasching 2.2

Fastnacht – Fasching – Karneval, diese Begriffe haben die gleiche Bedeutung und sind geprägt durch überliefertes Brauchtum. Viele Menschen in zahlreichen Ländern feiern diese sogenannte fünfte Jahreszeit (mit und ohne Kostümierung) ausgiebig bei ausgelassenen Straßenfesten, Maskenbällen und karnevalistischen Sitzungen. Zum Höhepunkt der Karnevalssession finden seit dem 19. Jahrhundert in Deutschland im Rheinland und anderen Regionen Fastnachtsumzüge statt.

Fast alle Kinder verkleiden sich gerne. In ihren Spielen schlüpfen sie in Rollen, um für eine kurze, selbst bestimmte Zeit jemand anderes zu sein. In ihren Rollenspielen zeigen Kinder, was sie beschäftigt, sie erproben sich und lernen, sich in andere hineinzuversetzen. Beim Verkleiden zum Karnevalsfest allerdings ist es anders. Hier erfüllen sich kindliche Verwandlungswünsche. Einmal ein brüllender Löwe oder eine feine Prinzessin, gebieterische Zauberin, starker Ritter, verwegener Cowboy zu sein, einmal mächtiger zu sein als die Erwachsenen, davon träumen viele Kinder. In dem Kostüm wollen Kinder sich zeigen, sich und anderen gefallen. Manche möchten sich mit grell gefärbten Haaren und viel Farbe im Gesicht einfach nur bunt und lustig präsentieren, ohne eine festgelegte Rolle. Ausgestattet mit Maske und Kostüm zeigen Kinder dann Verhaltensweisen, die sie sich im realen Leben möglicherweise nicht zutrauen. Kinder werden sich aber nur in solch einem Kostüm wohlfühlen, das ihrer Seelenlage entspricht. Ein Kind, das gern so unabhängig, wild und stark wie Pippi Langstrumpf wäre, wird sich wahrscheinlich nicht als Prinz oder Prinzessin präsentieren wollen.

Ein Höhepunkt der Faschingszeit ist für Kinder das Kostümfest, an dem sie mit anderen verkleideten Kindern ausgelassen spielen, singen und tanzen können. Bei den notwendigen Vorbereitungsarbeiten helfen sie gerne engagiert mit: Girlanden und Masken für die Dekoration herzustellen, witzige Spiele, lustige Lieder auszusuchen und einzuüben sowie leckere Speisen und Getränke vorzubereiten. Um das Fest zu dokumentieren, wird rundherum fotografiert und zum Karnevals-Kehraus wird dann aus den Fotos ein Faschingsfest-Bilderbuch zur Erinnerung zusammengestellt.

Omas großer Hut ist weg,
mit der roten Feder.
Und sie sucht seit gestern schon
ihre Pömps aus Leder.

Mutters Rüschenbluse fehlt,
Vater sucht die Brille,
und in Tinas Kinderzimmer
ist es verdächtig stille.

Was das bedeuten soll – na klar,
das Faschingsfest ist da!
Und wenn die Tina gefeiert hat,
ist alles wieder da!
(überliefert)

Mit Prinz und Prinzessin beim Fingerfasching

Prinz und Prinzessin

Ab 3 Jahre

Der Prinz, das ist ein stolzer Mann.
Schaut die Prinzessin strahlend an.
Sie tanzen hin, sie tanzen her,
nach vorn, nach hinten fällt nicht schwer.
Sie drehen sich im Kreise.
Nun schaut mal zu und seid ganz leise.
Denn jetzt umarmen sie sich sacht
und wünschen: „Gute Nacht!"
Doch zum allerletzten Schluss,
geben sie sich einen ....

Rechte Hand eines Spielers, linke Hand des Spielpartners, beide Hände fassen sich, bewegen sich hin und her, von sich weg, zu sich heran, einen Kreis in die Luft malen, jeder legt seinen Zeigefinger auf seinen Mund, die Spielpartner umarmen sich, wünschen sich eine gute Nacht und geben einen Luftkuss. Beide Hände können sich „verkleiden", z. B. durch Bemalen, kleine Papierhütchen oder bunte Fingerhüte aus Plastik auf einzelne Finger setzen o. Ä.

Drei Hasen (Christian Morgenstern)

Ab 3 Jahre

Drei Hasen
tanzen im
Mondenschein im
Wiesenwinkel
am See:
Der eine ist
ein Löwe,
der andere
eine Möwe,
der dritte ist ein Reh.

Mit Wasserfarben das Gedicht bildnerisch darstellen.

Fingerfasching (überliefert)

Ab 5 Jahre

Alle meine Fingerlein wollen
heute fröhlich sein.
Sie gehen auf ein Fassnachtsfest,
keiner auf sich warten lässt.
Jeder eilt – eins, zwei, drei –
ist beim Faschingsfest dabei:
An der Spitze ganz voran,
geht der lust'ge Hampelmann.
Die Prinzessin Tausendschön,
mit dem Prinzen will sie gehn.
Seht die Hexe Hinkeviel,
mit dem Zauberbesenstil.
Und dahinter seht ihr auch
einen Clown mit dickem Bauch.
Und zum Schluss, in letzter Reih,
ist ein Zwerglein auch dabei.
Mit Trara und Tschingbumbum
geht die Blaskapelle um.
Mit Tschingbumm und mit Trara:
Fasching, Fasching, der ist da.

Bei diesem Fingerspiel werden die einzelnen Finger angemalt und im Sprechrhythmus bewegt.

Maskenball der Tiere

Ab 3 Jahre

„Mich dünkt, wir geben einen Maskenball",
sprach die Nachtigall.
„Was werden wir essen?",
sprachen die Wespen.
„Nudeln!",
sprachen die Pudeln.
„Was werden wir trinken?",
sprachen die Finken.
„Bier!",
sprach der Stier.
„Nein, Wein!",
sprach das Schwein.
„Wo werden wir tanzen?",
sprachen die Wanzen.
„Im Haus!",
sprach die Maus.
„So, so!",
sprach der Floh.
Und alle fingen zu tanzen an.

Den Vers zum Start des Faschingsfestes sprechen. Im Wechsel sprechen die Kinder mit zuvor verteilten Rollen. Der letzte Satz wird gemeinsam gesprochen. Tanzen zur Musik.

Büttengeschichten

Ab 7 Jahre

Die Redner sitzen verkleidet im Halbkreis. Jeder nennt seinen Fantasienamen (Cowboy Jim, Prinzessin Tausendschön usw.). Der erste Redner setzt sich vor den Halbkreis und beginnt mit der Kettengeschichte: „Ich bin Jim der Cowboy und ich erzähle nun: Also, vor einiger Zeit, ich hatte gerade mein Pferd gesattelt, denn ich wollte in die Stadt reiten, um im Saloon meine Freunde zu treffen. Unterwegs traf ich eine Prinzessin in ihrer Kutsche. Sie hielt an und sagte ...": Die Prinzessin setzt sich nun vor den Halbkreis, stellt sich mit ihrem Fantasienamen vor und erzählt die Geschichte weiter, bis sie den nächsten Erzähler auffordert usw. Ist die Geschichte zu Ende erzählt, wird die Bütt geschlossen.

Ältere Mitspieler erzählen eine in sich geschlossene Geschichte.

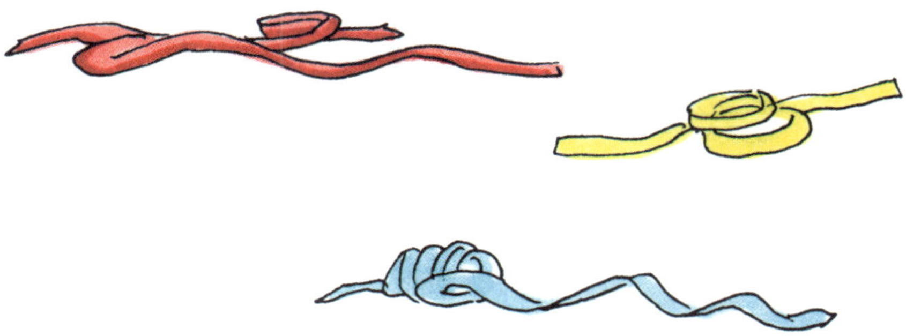

Wir feiern heute Karneval!

Ich kenne einen Cowboy (Text und Melodie überliefert)

Ab 3 Jahre

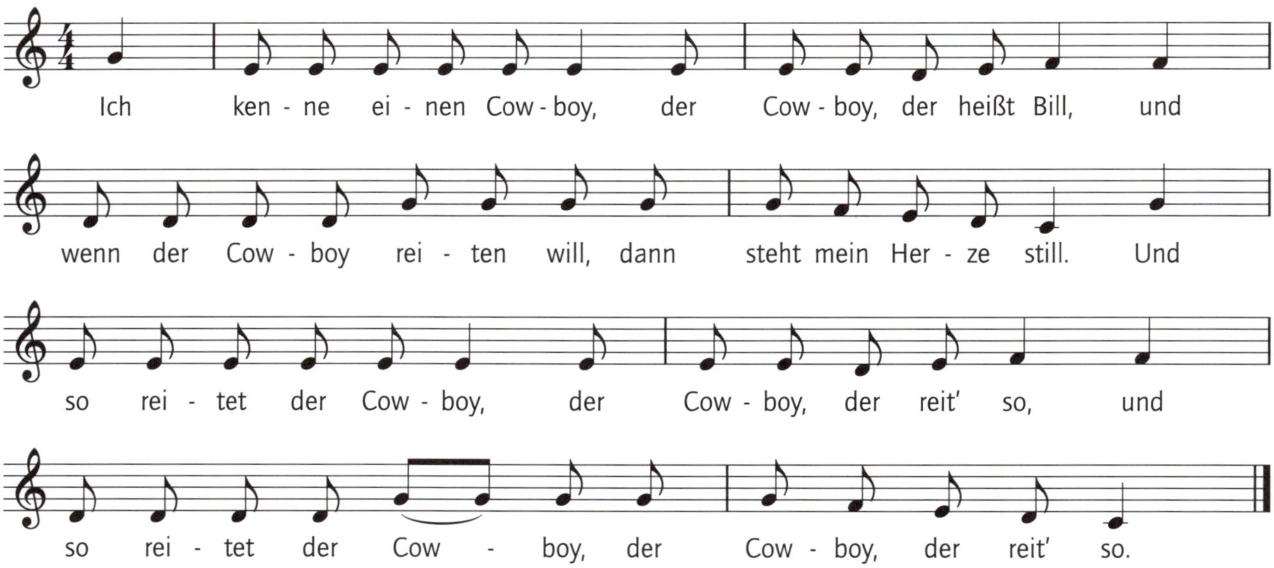

2. Ich kenne einen Cowboy, ...
Und so schießt der Cowboy,
der Cowboy, der schießt so,
und so schießt der Cowboy,
der Cowboy, der schießt so.

3. Ich kenne einen Cowboy, ...
Und so geht das Lasso,
das Lasso, das geht so,
und so geht das Lasso,
das Lasso, das geht so.

4. Ich kenne einen Cowboy, ...
Und so trinkt der Cowboy,
der Cowboy, der trinkt so,
und so trinkt der Cowboy,
der Cowboy, der trinkt so.

5. Ich kenne einen Cowboy, ...
Und so liebt der Cowboy,
der Cowboy, der liebt so,
und so liebt der Cowboy,
der Cowboy, der liebt so.

6. Ich kenne einen Cowboy, ...
Und so schläft der Cowboy,
der Cowboy, der schläft so,
und so schläft der Cowboy,
der Cowboy, der schläft so.

Die Kinder mimen zu jeder Strophe den Cowboy und führen genau das aus, was der Cowboy im Liedtext macht.

Wir feiern heute Karneval (Nach der Melodie: Dornröschen war ein schönes Kind)

Ab 3 Jahre

Alle: Wir feiern heute Karneval, Karneval, Karneval, wir feiern heute Karneval, hier im Haus.

Kind: Ich möchte heut Prinzessin sein, mit langem Kleid und Glitzerstein. Ich möchte heut Prinzessin sein und tanzen fein.

Alle: Wir feiern heute Karneval, Karneval, Karneval, wir feiern heute Karneval, hier im Haus.

Kind: Ich möchte heut ein Ritter sein, mit langem Schwert und kämpfen fein. Ich möchte heut ein Ritter sein und kämpfen fein.

Alle: Wir feiern heute Karneval, Karneval, Karneval, wir feiern heute Karneval, hier im Haus.

Kind: Ich möchte heut ein Clown mal sein, mit roter Nase, albern sein. Ich möchte heut ein Clown mal sein und albern sein.

Alle: Wir feiern heute Karneval, Karneval, Karneval, wir feiern heute Karneval, hier im Haus.

Kind: Ich möchte heut 'ne Hexe sein, mit Hexenbuch und hexen fein. Ich möchte heut 'ne Hexe sein und hexen fein.

Alle: Wir feiern heute Karneval, Karneval, Karneval, wir feiern heute Karneval, hier im Haus.

Kind: Ich möchte heut ein Zauberer sein, mit Zauberstab und zaubern fein. Ich möchte heut ein Zauberer sein und zaubern fein.

Alle: Zu Ende ist der Karneval, Karneval, Karneval, zu Ende ist der Karneval, er war sooo schön.

Alle Kinder stehen in einem großen Kreis. Nacheinander betreten die genannten kostümierten Kinder die Kreismitte, stellen sich vor und bewegen sich tanzend, passend zu ihrer Verkleidung. Die Zuschauer singen den Refrain und klatschen dabei in die Hände. Bei anderen Verkleidungen neue Strophen dichten.

Wir feiern heute Karneval!

Meine Tante aus Marokko (Text und Melodie überliefert)

Ab 5 Jahre

2. Und sie kommt auf zwei Kamelen, wenn sie kommt, hoppeldihopp.
3. Und sie schießt mit zwei Pistolen, wenn sie kommt, piff paff ...
4. Und dann schlachten wir ein Schwein, wenn sie kommt, krks krks ...
5. Und dann trinken wir 'ne Flasche, wenn sie kommt, gluck gluck ...
6. Und dann essen wir 'ne Torte, wenn sie kommt, schmatz schmatz ...
7. Und dann schrubben wir die Bude, wenn sie kommt, schrubb schrubb ...
8. Und dann kommt ein Telegramm, dass sie nicht kommt, oh weh ...
9 Und dann kommt ein Telegramm, dass sie doch kommt, juchee.

Die Tätigkeiten pantomimisch darstellen und die Geräusche imitieren. Auf Hipp mit dem rechten Daumen über die rechte Schulter zeigen und auf Hopp mit dem linken Daumen über die linke Schulter zeigen.

Masken und Girlanden

Dreieckgirlande

Ab 3 Jahre

***Material:* Papierquadrate in verschiedenen Papierarten, unterschiedlichen Farben und Größen, langer Bindfaden, Klebstoff**

Herstellung: Die Quadrate zu einem Dreieck falten, den Bindfaden in die Faltkante legen, die Dreieckseiten aufeinanderkleben. Die Girlanden sehen mit einfarbigen oder bunt gemischten Dreiecken gleichermaßen dekorativ aus.

Ältere Kinder können Romben aus Rechtecken schneiden (siehe Skizze) und dann ebenfalls an den Bindfaden kleben.

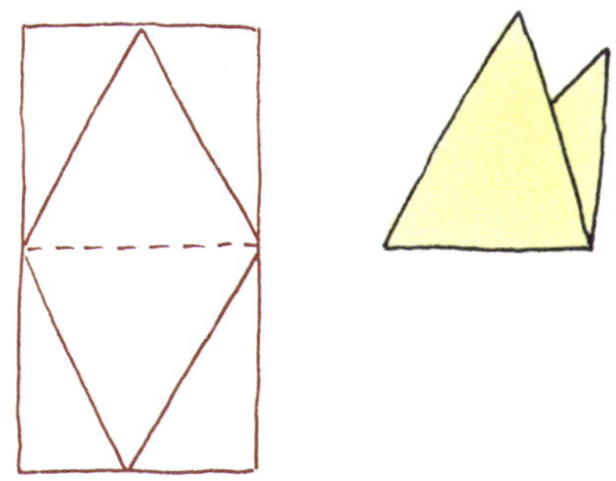

Halbmaske

Ab 5 Jahre

***Material:* Pappteller, Bleistift, Schere, Cutter, Heftzange, Locher, Klebstoff, Gummiband**
***Zur Dekoration:* Wolle, Bast, Luftschlangen, Federn, Glitzer etc.**

Herstellung: Den Pappteller halbieren und zunächst Augen-, Mund- und Nasenlöcher aufzeichnen, anschließend ausschneiden. Das Gummiband an beiden Seiten anbringen und den Maskenrohling mit den ausgewählten Dingen ausschmücken. Die Maske aufsetzen oder als Raumdekoration verwenden.

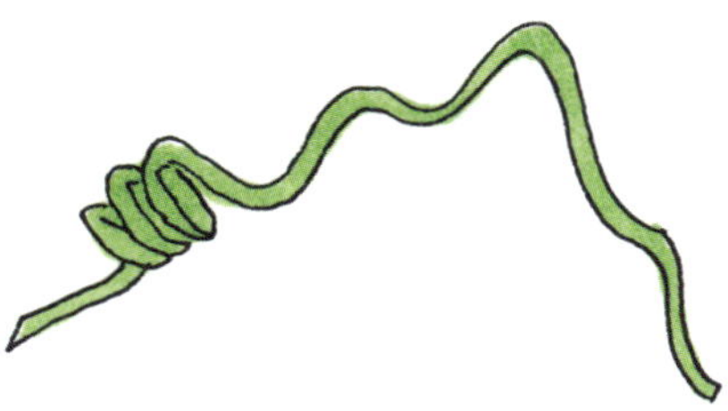

Luftballonmaske

Ab 5 Jahre

***Material:* 1 Luftballon, ⅛ Liter angerührter Kleister, farbiges Transparentpapier, Schere/Messer**

Herstellung: Den Luftballon aufblasen und abbinden. Transparentpapier in Stücke reißen und mit Kleister in mehreren Lagen auf den Ballon bringen, dabei das untere Viertel des Ballons frei lassen. Nach dem Trocknen (etwa 24 Std.) den Ballon aus der Transparenthülle entfernen und Öffnungen für die Augen und den Mund ausschneiden.

Selbst gemachte Schminke

***Zutaten:* 1 Esslöffel Babypuder, 1 Esslöffel Hautcreme (Nivea), flüssige Lebensmittelfarbe**

Zubereitung: Puder und Creme miteinander vermischen und die Masse mit einem Löffel glatt rühren. Lebensmittelfarbe dazugeben und bis zur gewünschten Farbintensität einfärben. Die Schminke lässt sich mit einem feuchten Waschlappen entfernen. Bevor sie aufgetragen wird, an einer Hautstelle, z. B. in der Armbeuge, auf allergische Reaktionen testen.

Maskenspiele

Maskenspiel

Ab 5 Jahre

***Material:* selbst gebastelte Masken (siehe Seite 77), 1 Spiegel, diverse Requisiten (Stoffe, Hüte, Handschuhe etc.)**

Spielverlauf: Jeder Spieler stellt seine Maske im Kreisgespräch vor, gibt ihr einen Namen, beschreibt Herkunft, Alter, Eigenschaften, Vorlieben usw. Anschließend setzen die Spieler ihre Maske auf, verkleiden sich mit passenden Requisiten und experimentieren mit Bewegungen und Stimme. Zum Abschluss überlegt sich jeder eine kurze Szene und spielt sie den anderen vor.

Der Prinz aus Karnevalesien

Ab 4 Jahre

Spielverlauf: Die Spieler sitzen im Kreis. Ähnlich wie beim Spiel Kofferpacken benennt nacheinander jeder Spieler einen weiteren Gegenstand mit dem Spruch: Der Prinz aus Karnevalesien bringt einen Regenschirm mit (eine Nagelbürste, einen Lippenstift, eine Trinkflasche etc.). Dazu zeigt er eine typische Bewegung.

Ältere oder geübte Spieler wiederholen alle vorher genannten Begriffe.

Hexentanz

Ab 3 Jahre

***Material:* Kochlöffel, CD-Player und beliebige Musik**

Spielverlauf: Mit einem Abzählreim wird die Hexe ermittelt. Alle Spieler gehen durch den Raum oder tanzen. Wen die Hexe mit ihrem Kochlöffel berührt, der bleibt stehen und verharrt in der Bewegung. Stehen alle still, bestimmt die Hexe ihre Nachfolgerin.

Abzählvers

Spiegelei mit Spinnenbein,
Buttermilch mit Fliegendreck – und du bist weg!

Zauberer Heliox

Ab 3 Jahre

***Material:* Zauberstab**

Spielverlauf: Der älteste Mitspieler ist der erste Zauberer Heliox. Er schwingt seinen Zauberstab und spricht dazu einen Zauberspruch. Alle bewegen sich wie von Heliox gewünscht, bis er seinen Nachfolger ausgesucht hat.

Zauberspruch

Ich bin Zauberer Heliox,
verzaubre euch ganz fix – fax – fox
bewegt euch wie in eine Ente (Torte, Planet, Bagger, Riese)
knix – knax – knox.

Pizzagesichter und grüner Früchtetrank

Pizzagesichter

Ab 5 Jahre

***Zutaten:** 80 g feines Mehl, 170 g Vollkornmehl, 250 g Quark, ½ Teelöffel Salz, ½ Päckchen Backpulver, 1 Ei, Paprikastücke, Champignons, Wurstscheiben, Käse, Ananas (Dose)*

Zubereitung: Nacheinander Quark, Eier, Salz mischen und das Mehl mit dem Backpulver löffelweise dazurühren. Den Teig mit den Händen kneten und so viel Mehl dazugeben, bis er nicht mehr klebt, ca. 10 kleine Kugeln formen, auf ein Backblech mit Backpapier legen und flachdrücken. Jeder kann nun sein eigenes Pizzagesicht legen. Sind alle Pizzagesichter fertig, das Blech in den Backofen schieben und bei etwa 200 Grad ca. 15 bis 20 Minuten backen.

Bunte Spieße

Ab 3 Jahre

***Zutaten:** 250 g Vollkornbrot, 250 g Fleischwurst, 250 g Käse, 2 Möhren, 1 Kohlrabi, Zahnstocher*

Zubereitung: Das Gemüse waschen und schälen. Alle Zutaten in kleine, gleich große Würfel schneiden. Anschließend 3 bis 4 verschiedene Würfel auf einen Zahnstocher spießen. Die Spieße auf einem großen Teller anrichten.

Grüner Früchtetrank

Ab 3 Jahre

***Zutaten:** 3 bis 4 Kiwis, 1 Zitrone, ½ Liter Apfelsaft, 3 ½ Liter Mineralwasser mit Kohlensäure, Waldmeistersirup*

Zubereitung: Das Obst schälen, entkernen, in Stücke schneiden und getrennt in drei Glaskaraffen geben. Die Apfelstücke mit Zitronensaft beträufeln, damit sie nicht braun werden, mit Apfelsaft bzw. Orangensaft und je 1 Liter Mineralwasser aufgießen. Die Kiwistücke mit 1 ½ Liter Mineralwasser auffüllen und nach Geschmack etwas Waldmeistersirup (zur Farbgebung) zugeben, umrühren.

Muzemandeln

Ab 5 Jahre (unbedingt mit Hilfe des Erwachsenen)

***Zutaten (für ca.16 Stück):** 35 g kalte Butter, 75 g Zucker, 1 großes Ei, abgeriebene Zitronenschale, 1 Prise Salz, 150 g Mehl, ½ Teelöffel Backpulver, 35 g geriebene Mandeln, Puderzucker, 1 kg Butterschmalz (Kokosfett, Frittieröl)*

Zubereitung: Butter mit Zucker verrühren, nacheinander einzeln einrühren: Ei, Zitronenschale, Salz, die Hälfte des Mehls, Backpulver, Mandeln. Teig zu einer Kugel formen (klebt etwas) und in Klarsichtfolie einschlagen. Mindestens 3 Stunden im Kühlschrank ruhen lassen (auch über Nacht). Anschließend den Teig zu einer Rolle formen (ca. 2 cm Durchmesser), in 1 cm dicke Scheiben schneiden und aus den Scheiben Mandeln formen. Das Fett in einem großen Topf/Wok erhitzen oder in der Fritteuse (180 Grad). Die Muzemandeln in das Fett geben, es muss dann sprudeln, und von jeder Seite ca. 3 Minuten backen. Mit einem Schaumlöffel die hellbraunen Muzemandeln aus dem Fett nehmen, auf dem Kuchengitter abtropfen lassen und mit Puderzucker bestäuben.

Ostern

2.3

Ostern ist das höchste Fest der Christen. Nicht ohne Grund wird es im Frühling gefeiert und darum muss Ostern als ein Fest des neuen Lebens verstanden werden. Gerade jetzt lohnt es sich, mit der ganzen Familie auf Spurensuche zu gehen, um die Vielfalt der österlichen Symbole und Bräuche im eigenen Umfeld möglicherweise neu zu entdecken und gemeinsam zu gestalten.

Die Woche vor Ostern (*Karwoche*) beginnt mit dem *Palmsonntag*, an dem auch heute noch geschmückte „Palmstecken" (Weidenkätzchen, Buchsbaum, Wachholder) zur Kirche getragen werden. Der *Karfreitag*, zur Erinnerung an den Tod Jesu, wird meist in stiller Trauer und mit Fasten begangen. Für die Familie bedeutet das nicht unbedingt hungern zu müssen, sondern eventuell der Verzicht auf Süßigkeiten oder eine liebgewordene Gewohnheit.
Der *Karsamstag* (*Färbersamstag*) steht unter dem Zeichen der Vorbereitung auf Ostern, an dem besonders ältere Kinder meist viel Spaß beim Backen von Osterhasen und Osterzöpfen haben und die Ostereier mit gesammelten Pflanzen färben (daher der Name Färbersamstag).
In der Nacht zu Ostersonntag werden vielerorts Osterfeuer angezündet, ein alter germanischer Brauch, um den Winter mit seinen Geistern und Dämonen zu vertreiben. In dieser Nacht wird ebenfalls die Osterkerze angezündet, die vorher mit den Kindern gestaltet werden kann, als Zeichen dafür, dass die Auferstehung Jesu den Menschen Licht und Hoffnung bringen wird.
Der Ostersonntag steht ganz im Zeichen der Familie. Für Kinder ist die Suche nach den Ostereiern, die der Osterhase am Vorabend versteckt, sicher das Wichtigste.

Diese Illusion sollten Erwachsene besonders den jüngeren Kindern lassen, da es zweifelsohne der frühkindlichen magischen Denkweise entspricht.

Bei einem Osterspaziergang oder einem Familienausflug mit unterhaltsamen Spielen werden nach der langen Winterzeit der Frühling und die Natur wieder neu entdeckt. Besonders beliebt sind dabei Eierspiele und Wurfspiele mit dem Ball, der vermutlich als Symbol für die nun länger scheinende Sonne galt.

Osterwunsch

Ich wünsche Euch zum Osterfest,
dass ihr mit Freuden seht,
wie alles, weil's der Himmel will,
wahrhaftig aufersteht.

Das Dunkle weicht, das Kalte schmilzt,
erstarrte Wasser fließen,
und duftend bricht die Erde auf,
um wieder neu zu sprießen.
(Eva Rechlin)

Dideldumdei, ein Osterei

In der Osternacht

Ab 3 Jahre

Der Osterhas hat über Nacht
zehn Eier in unseren Garten gebracht.
Eins legte er unter die Gartenbank,
zwei in das grüne Efeugerank,
drei in das Hyazinthenbeet,
das siebte, wo die weiße Narzisse steht.
Das achte in die Buchsbaumhecke,
das neunte neben die Kompostecke.
Das zehnte legte er auf den Apfelbaumast,
da hat sicher die Katze mit angefasst.

Der Erwachsene spricht den Fingervers und führt die Bewegungen zum Text aus. Das Kind spricht und ahmt die Bewegungen nach: Zu Anfang Zeige- und Mittelfinger zu Hasenohren aufstellen, dann die jeweilige Anzahl der Eier mit den Fingern zeigen und zum Schluss beide Hände zu Krallen beugen.

Osterhäschen, Osterhas

Ab 3 Jahre

Material: kleine, einzeln verpackte süße Ostereier

Osterhäschen, Osterhas,
komm mal her, ich sag dir was:
Laufe nicht an mir vorbei,
schenk mir doch ein buntes Ei!

Lied und Spielweise entsprechen dem bekannten Spiel: „Taler, Taler, du musst wandern ...": Die Mitspieler halten die Handflächen gegeneinander. Der Osterhase hält in seinen Händen versteckt ein kleines Osterei. Während alle singen, geht er damit reihum zu jedem Mitspieler und lässt möglichst unbemerkt in die Hände eines Spielers das Osterei fallen. Danach spricht er:
„Nun ratet schnell in diesem Land, Osterei in welcher Hand?"
Dreimal darf der Ratende auf eine Hand tippen, in der er das Ei vermutet. Hat er es gefunden, so ist er in der nächsten Spielrunde der Osterhase.

Die einzelnen Spieler dürfen in der jeweiligen Spielrunde ihr Osterei aufessen.

Fünf Männer auf Hasenjagd

Ab 3 Jahre

Material: evtl. eine Hasenfingerpuppe aus Papier

Fünf Männer sind in den Wald gegangen,
um den Osterhasen zu fangen.
Der erste war so dick wie ein Fass
und sprach: „Wo ist der Has, wo ist der Has?"
Der zweite rief: „Da, da, da ist er ja!"
Der dritte war der Längste,
aber auch der Bängste.
Er fing an zu weinen:
„Ich seh gar keinen, ich seh gar keinen."
Der vierte sprach: „Das ist mir zu dumm,
ich kehre einfach wieder um."
Der fünfte aber, wer hätt's gedacht,
der hat den Hasen nach Haus gebracht
und alle Leute haben gelacht.

Die fünf Finger einer Hand erzählen die gereimte Geschichte, während die andere Hand die Hasenfigur trägt.

Drei Rätselreime

Ab 6 Jahre

1. Der Hase sucht im Hühnernest
   die Eier für das .... (Osterfest)
   Passt auf, dass er nicht eins verliert.
   Im Hasenhaus er sie .... (verziert)
   Versteckt die Eier wohlbedacht,
   im Garten in der .... (Osternacht)
2. Regnet es am Osterfest
   Macht das gar nichts aus,
   dann versteckt der Osterhas
   die Eier in dem .... (Haus)
3. Sie scharrt im Garten, sucht's Korn auf der Tenne,
   wir kochen die Eier, es ist die .... (Henne)

Der Erwachsene spricht den Rätselvers, wobei das Kind jeweils den passenden Endreim finden muss.

Osterei verstecken

Ab 3 Jahre

Material: kleiner Korb mit einem Osterei

Die Kinder oder die ganze Familie sitzen im Kreis. Ein Kind sitzt als Osterhase in der Kreismitte und führt die passenden Bewegungen zum Text aus. Vor ihm steht ein kleiner Korb mit einem Osterei. Alle sprechen den Vers:

„Unterm Baum im grünen Gras
sitzt ein kleiner Osterhas!
Putzt den Bart und spitzt das Ohr,
macht ein Männchen, guckt hervor.
Springt dann über Stock und Stein.
Wo mag denn nun das Ei wohl sein?"

Daraufhin schließen alle die Augen, der Osterhase versteckt sein Ei und fordert einen Mitspieler auf, das Ei zu suchen:
Alle: „Max schaut nach, wo es denn sei."
Max: „Hier, ich hab's, das Osterei!"

Bei der Suche können alle Hinweise durch Zuruf von „warm!" oder „kalt!" geben.
In der nächsten Spielrunde ist Max der Osterhase, der das Ei versteckt.

Rätsel

Wenn ich nur wüsst',
wer das ist,
der immer mit zwei Löffeln frisst?
(Osterhase)

Osterhas im grünen Gras

Has im Gras (Text und Melodie volkstümlich)

Ab 3 Jahre

2. Osterhas mit seiner Frau
   schau, schau, schau, schau, schau, schau,
   sitzt dort in der grünen Au, grünen Au.
3. Malen bunte Eierlein,
   hübsch und fein, hübsch und fein,
   tun sie in den Korb hinein, Korb hinein.
4. Und dann laufen sie geschwind
   wie der Wind, wie der Wind,
   hin zu einem braven Kind, braven Kind.
5. Danke schön Herr Osterhas
   bringt uns was, bringt uns was,
   legt die Eier in das Gras, in das Gras.

Die Kinder fassen sich an, gehen und singen im Kreis. Der Osterhase sitzt mit seiner Frau und einem Korb voller Eier in der Kreismitte. Beide führen pantomimische Bewegungen passend zum Liedtext aus. In der 4. Strophe nehmen sie jeder ein Ei, gehen zu zwei anderen Mitspielern und verschenken sie. In der nächsten Spielrunde sind diese beiden Mitspieler das neue Osterhasenpaar.

Osterbotschaft (Text: James Krüss, Melodie: Autorinnen)

Ab 6 Jahre

2. Da schwingt er sich vom Aste, fliegt fort so schnell er kann, und klopft auf einem Roggenfeld bei einer Wühlmaus an.
3. Die Wühlmaus Mimi Meier ist gar nicht sehr erbaut, weil sie dem Raben Theodor aus gutem Grund misstraut.
4. Doch Theodor sagt leise und voller Höflichkeit: „Verzeihen Sie, die Sonne scheint, und Ostern ist nicht weit."
5. „Auwei!", piepst Mimi Meier. Sie schlüpft in ihren Bau, putzt sich für diese Osterzeit wie jede andere Frau.
6. Dann huscht sie durch die Gänge im flinken Mauselauf und sucht, weil nun bald Ostern ist, den Bau des Hasen auf.
7. Hans Benjamin, der Hase, wacht auf und macht „Hatschi"! Er rümpft die Nase siebenmal und fragt: „Was wünschen Sie?"
8. Die Wühlmaus Mimi Meier ruft: „Ach, du liebe Zeit, die Sonne scheint, Hans Benjamin, und Ostern ist nicht weit!"
9. „Wie? Was? Es ist schon Ostern? Empfehl' mich, mit Verlaub!" Dann springt er wie der Blitz davon, und Mimi schluckt den Staub.
10. Er schlüpft zu allen Hasen, kriecht in den Bau und schreit: „He, aufgewacht! Die Sonne scheint, und Ostern ist nicht weit!"
11. Da tummeln sich im Grünen die Hasen, fern und nah, und plötzlich weiß die ganze Welt: Die Osterzeit ist da!

Vor dem Singspiel werden folgende Hauptrollen verteilt: Rabe „Herr Theodor", Wühlmaus „Mimi Meier", Hase „Hans Benjamin". Alle Mitwirkenden sitzen im Kreis und singen. Rabe, Wühlmaus und Hase agieren dem Liedtext entsprechend. Zum Schluss des Liedes werden alle übrigen Mitspieler ebenfalls zu Hasen und tanzen im Kreis.

Osterhasen-Werkstatt

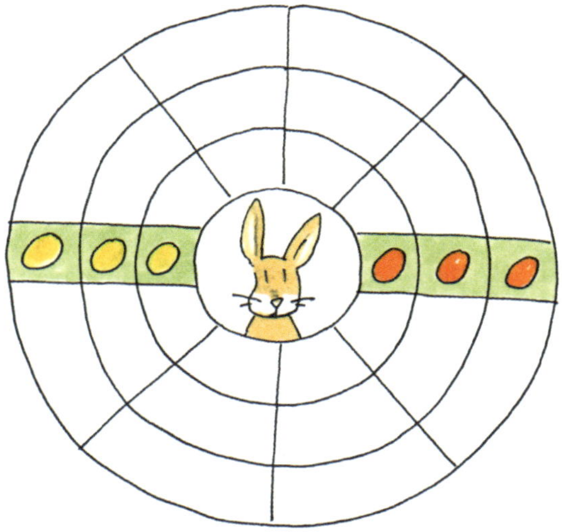

Ostergrußkarten

Ab 3 Jahre

***Material:* Fingerfarbe, Schwammstücke, Buntstifte, Klappkarten**

Herstellung: Auf Schwammstücke dickflüssige Fingerfarbe tropfen. Finger auf den Farbschwamm drücken und auf einem Blatt Papier den Abdruck ausprobieren. Auf der Vorderseite der Osterkarte können nun im Fingerdruckverfahren die Körper von Hasen, Vögeln, Ostereiern oder anderen Figuren entstehen, die nach dem Trocknen noch Gesichter, Ohren, Flügel oder Muster mit Buntstiften erhalten.

Osterdecke drucken

Ab 4 Jahre

***Material:* Kartoffeln, Stoffmalfarbe, Pinsel, Schälmesser, weißes Bettlaken, Zeitungspapier**

Herstellung: Die Arbeitsunterlage mit Zeitungspapier abdecken, Stoffmalfarbe in Marmeladendeckel gießen, Kartoffeln halbieren oder zu geometrischen Formen schneiden, die Flächen mit Stoffmalfarbe bepinseln und österliche Motive drucken, z. B. Eier, Blumen, Hühner, Küken (siehe Skizze unten).

Tipp: Als Schutz für die Kleidung empfiehlt es sich, große Plastikmülltüten zu verwenden, in die vorher Kopf- und Armschlitze geschnitten werden.
Nur geübte Kinder sollten mit dem Schälmesser die Kartoffelstempel schneiden.

Ostereier im Nest (für zwei Spieler)

Ab 6 Jahre

***Material:* 1 Bogen Fotokarton (DIN A3), Zirkel, Lineal, Zeichenstift, 6 Ostereier in 2 verschiedenen Farben, 1 Würfel**

Herstellung: Das Muster (siehe Skizze oben) mit Zirkel und Lineal auf Fotokarton übertragen.

Die beiden Spieler legen ihre Ostereier auf die markierten Felder. Es wird abwechselnd gewürfelt. Nach jedem Wurf werden die Eier entsprechend der gewürfelten Zahl gesetzt. Ziel des Spiels ist, die eigenen Ostereier in die „Nester" des Gegenspielers zu legen. Es geht immer im Kreis herum, kein Ei darf herausgeworfen werden. Wenn ein Feld durch den anderen Spieler bereits besetzt ist, wird das Ei auf das hintere Feld gelegt.

Ostereier färben mit Pflanzenfarben

Ab 5 Jahre

***Material:** rohe weiße Eier, Kräuter, Tee oder Früchte zum Färben (siehe unten), Wasser, Edelstahltopf, Wattestäbchen, Essig, Speckschwarte, leerer Eierkarton*

Herstellung: Zum Färben eignen sich die folgenden Pflanzen, evtl. sogar aus dem eigenen Garten, besonders gut:

Gelb	2–3 Handvoll Kamille, Goldrute oder Blätter des Apfelbaums
Gelbgrün	2–3 Handvoll Brennnesselblätter, Schachtelhalm oder Birkenblätter
Ocker	2–3 Handvoll Zwiebelschalen
Hellbraun	30–50 g Pfefferminz- oder Schwarzer Tee, 2–3 Handvoll Walnuss- oder Eichenblätter
Violett	3–6 Blatt klein geschnittener Rotkohl oder Rote Beete
Blau	2–3 Handvoll getrocknete Blaubeeren oder Holunderbeeren

Die Pflanzenteile werden zerkleinert und in einem Edelstahltopf in ca. einem Liter kaltem Wasser 30 Minuten ausgekocht. Die Eier können in den letzten 10 Minuten gleich mitgekocht werden (vorher waschen und anstechen, damit sie nicht platzen). Nach dem Kochen die Eier mit einem Holzlöffel herausnehmen, mit kaltem Wasser abschrecken und zum Trocknen in einen Eierkarton legen. Ist die Farbe zu blass, können die Eier in der abgekühlten Flüssigkeit noch für einige Stunden in dem Farbbad liegen bleiben.

Nachträglich können Muster in die gefärbte Eischale geätzt werden. Dafür taucht man ein Wattestäbchen in Essig oder Zitronensaft und tupft punktförmig auf die Schale, sodass helle Konturen entstehen. Zum Schluss werden die fertigen Eier mit der Speckschwarte eingerieben, sodass sie einen matten Glanz bekommen.

Tipp: Verwenden Sie zum Färben von Ostereiern nur Eier von frei laufenden Hühnern. Ihre Schale ist dicker, außerdem schmecken sie besser. Verzichten Sie auf chemische Färbemittel, sie beeinträchtigen möglicherweise den Geschmack und Ihre Gesundheit.

Hasenohren

Ab 5 Jahre

***Material:** Tonpapier, Schere, Wachsmalstifte*

Herstellung: Tonpapier (46 x 15 cm) in der Länge zur Hälfte falten, an der geschlossenen Seite das Muster (siehe Skizze), aufzeichnen und ausschneiden. Die Hasenohren können beliebig verändert werden, z. B. spitzer, länger, kleiner, größer, und mit entsprechendem Fellmuster gestaltet werden. Nach dem Bemalen werden die Ohren nochmals zur Hälfte gefaltet und ca. 15 cm eingeschnitten. Nun erst können sie auf den Kopf gesetzt werden.
Besonders jüngere Kinder werden gerne in die Rolle des Osterhasen schlüpfen.

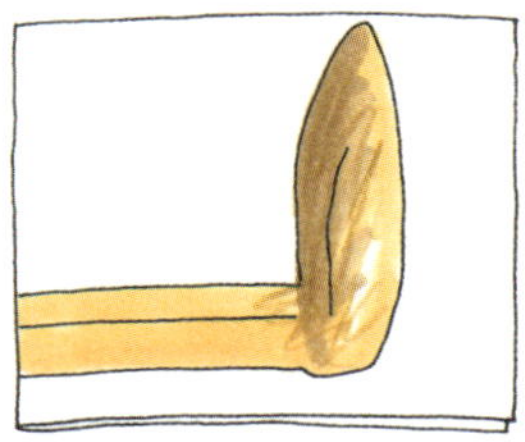

Osterei-Tangram

Ab 5 Jahre

***Material:** 1 Bogen Fotokarton (DIN A5), Bleistift, Lineal, Schere*

Herstellung: Das Muster (siehe Skizze unten) auf Fotokarton übertragen und in die 10 markierten Teile zerschneiden – fertig ist das Osterei-Puzzle. Geübte können aus den einzelnen Puzzleteilen jedoch auch fantasievolle Formen legen. Benutzt man das Osterei-Puzzle als Tangram, so gilt dabei die Regel, für eine bestimmte Form alle Teile zu verwenden, die an keiner Stelle übereinanderliegen dürfen.

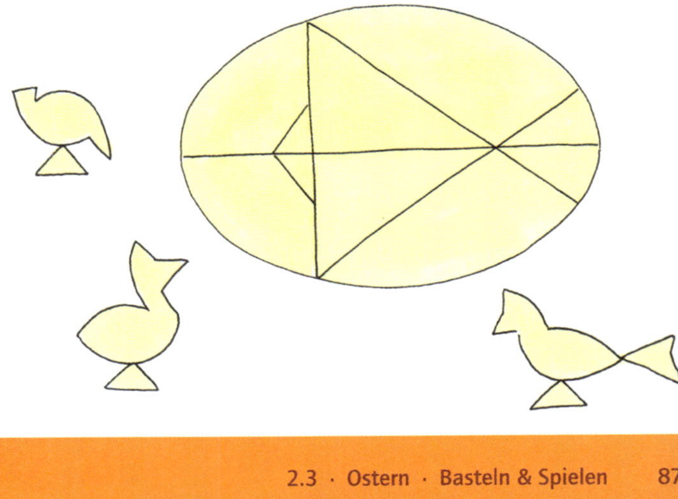

Eins, zwei, drei, ins faule Ei

Eierpusten

Ab 5 Jahre

Material: pro Mitspieler ein ausgeblasenes Ei, Tisch

Auf den gegenüberliegenden Seiten eines Tisches sitzt je ein Spieler mit seinem ausgeblasenen Ei (mit individueller Markierung). Die Tischfläche ist durch einen Kreidestrich in zwei Spielfelder geteilt. Beide Spieler versuchen durch kräftiges Pusten ihr Ei in das gegenüberliegende Spielfeld zu bekommen, gleichzeitig müssen sie aber das Ei des anderen Spielers durch Pusten abwehren. Der Spieler, dessen Ei über die markierte Linie gerollt ist, erhält einen Punkt.

Variante: Kann auch als Familien-Mannschaftsspiel viel Spaß machen.

Eierrollen

Ab 4 Jahre

Material: pro Mitspieler ein hart gekochtes Ei

Die Mitspieler stehen draußen an einer leicht abschüssigen Wiese. Jeder hält ein Ei in der Hand.
Am Fuße des Abhangs befindet sich ein markierter Zielpunkt. Nacheinander lassen alle Mitspieler ihre Eier den Abhang hinunterrollen. Trifft ein Spieler das Ei eines Mitspielers, so bekommt er das getroffene Ei. Wer mit seinem Ei dem Zielpunkt am nächsten gekommen ist, hat gewonnen.
Die „Spieleier" werden anschließend zu einem Eiersalat verarbeitet und gegessen.

Variante 1: Die Mitspieler lassen nacheinander ihre Eier den Abhang hinunterrollen. Der Spieler, dessen Ei am weitesten rollt, hat gewonnen.

Variante 2: Ein Spieler lässt sein Ei den Abhang hinunterrollen, läuft gleichzeitig los und versucht, es vor dem Zielpunkt aufzufangen.

Eins, zwei, drei, Julia legt ein Ei

Ab 5 Jahre

Material: ein hart gekochtes Ei (oder aus Plastik oder Styropor)

Alle sitzen oder stehen im Kreis. Mit dem Vers: „1, 2, 3, Julia legt ein Ei!" beginnt die erste Spielrunde. Julia läuft um den Kreis und legt dabei das Ei hinter Sina. Alle setzen den Vers weiter fort: „Julia legt ein weißes Ei, 1, 2, 3 ..." Sina bemerkt das Ei hinter sich, springt auf und versucht Julia zu fangen, während Julia wieder zu ihrem Sitzplatz zurückkehrt. Nun ist Sina an der Reihe. Bemerkt Sina das Ei nicht, dann rufen alle: „1, 2, 3 ins faule Ei!", worauf sie in die Kreismitte geht und eine Spielrunde aussetzt.

Verstecken

Ab 6 Jahre

Zu Beginn wird der Sucher durch einen Abzählreim ermittelt. Der Sucher steht mit geschlossenen Augen am Anschlagmal (Baum, Hauswand o. Ä.) und zählt, während sich die anderen Mitspieler verstecken. Dann geht er auf die Suche. Hat er einen Mitspieler gesehen, läuft er zum Anschlagmal und ruft: „1, 2, 3 für *Anne*!" Dann scheidet Anne aus. Würde Anne schneller zum Mal laufen als der Sucher, dann könnte sie sich frei schlagen. Jeder versucht, vom Sucher ungesehen zum Mal zu laufen, um sich frei zu schlagen.

Abzählreim

1 und 2 – Osterei,
3 und 4 – suchen wir,
5 und 6 – gut versteck's,
7 und 8 – gebt gut acht,
9 und 10 – du kannst gehn.

Häschen in der Grube (Text: F. Fröbel, Melodie: volkstümlich)

Ab 3 Jahre

2. Häschen vor dem Hunde, hüte dich, hüte dich.
   Hör nicht auf die laute Belle,
   schlag 'nen Haken, lauf ganz schnelle.
   Häschen lauf, Häschen lauf, Häschen lauf!

Alle bilden einen Kreis und singen. In der Kreismitte hockt das Häschen. Bei „Häschen hüpf" hüpft es aus dem Kreis heraus. Außerhalb des Kreises wartet der Hund, der in der zweiten Strophe versucht, das Häschen zu fangen. Diese Rolle könnte auch ein Erwachsener übernehmen, der so tut, als würde er das Häschen fangen.

Hasenschwanzfangen

Ab 5 Jahre

Material: für jeden Spieler ein Tuch, Stoffband oder Krepppapierstreifen

Dieses Fangspiel sollte am besten draußen gespielt werden.
Dabei gibt es einen Jäger, der versucht, Osterhasen zu fangen. Die Osterhasen sind durch ein Schwänzchen gekennzeichnet. Das Schwänzchen ist ein Tuch, Band oder Papierstreifen, das hinten an der Hose heraushängt. Der Jäger versucht nun, so viele Hasenschwänzchen wie möglich zu fangen. Der Hase, der übrig bleibt, ist in der nächsten Spielrunde der Jäger.

Eierspicken

Ab 5 Jahre

Material: zwei Besenstiele oder runde Holzstangen, hart gekochte Eier

Beide Stangen werden nebeneinander schräg an eine Wand gestellt und mit dem anderen Ende in den Boden gesteckt, sodass eine schiefe Ebene entsteht. In der entstandenen schmalen Rille lassen die Spieler der Reihe nach ihre Eier herunterrollen. Der Besitzer des Eis, das bei der Landung das bereits liegende Ei „spickt" (berührt), erhält das „gespickte" Ei.

Hefehase und Wackelei

Osterlamm oder Osterhase

Ab 6 Jahre

Material: eine Lamm- oder Hasenform

Zutaten: 9 gestrichene Esslöffel Zucker, 4 Eier, 9 Esslöffel Pflanzenöl, 9 gehäufte Esslöffel Mehl, ½ Päckchen Backpulver, Butter zum Einfetten der Form, 2 Esslöffel Puderzucker

Zubereitung: Die Eier mit dem Zucker gut verrühren. Esslöffelweise das Öl zugeben. Backpulver mit dem Mehl mischen und unter die Eimasse rühren. Eine Lamm- oder Hasenform gut ausfetten und den Teig hineingeben. Im vorgeheizten Ofen bei 175 Grad ca. 25 Minuten backen.
Das Lamm oder den Hasen mit Puderzucker bestäuben.

Wackelei

Ab 6 Jahre

Zutaten/Material: rohe Eier, Nadel, Klebeband, 1 Paket Götterspeise, kleiner Trichter oder große Einwegspritze, Eierkarton

Herstellung: Rohe Eier mit einer Nadel oben und unten einstechen, auspusten und mit warmem Wasser gut ausspülen. Ein Loch mit Klebeband zukleben. Die Götterspeise nach Anweisung zubereiten (evtl. etwas weniger Wasser nehmen) und mit Hilfe eines kleinen Trichters oder einer großen Einwegspritze in die Eier füllen. Die befüllten Eier in einen leeren Eierkarton stellen und über Nacht im Kühlschrank die Götterspeise fest werden lassen. Am nächsten Tag die Schale vorsichtig pellen und die Wackeleier herauslösen.

Fliegenpilze

Ab 3 Jahre

Zutaten: pro Person 1 bis 2 hart gekochte Eier, feste Tomaten, 1 Tube Mayonnaise, Salatblätter

Zubereitung: Tomaten waschen und abtrocknen. Am Stielansatz eine kleine Kappe abschneiden und die Tomate mit einem Löffel aushöhlen. Den Eiern die Spitze abschneiden, um sie hinzustellen. Etwas Mayonnaise daraufspritzen und die Tomatenhälfte als Hut aufsetzen. Mayonnaise auftupfen. Die fertigen Fliegenpilze auf Salatblätter setzen und zum Osterfrühstück servieren.

Kräuteromelett

Ab 6 Jahre

Zutaten: je 1 Bund Petersilie, Kerbel, Schnittlauch, 1 Kästchen Kresse, 8 Eier, Salz, 40 g Butter, 4 Tomaten

Zubereitung: Die Kräuter unter fließendem Wasser abspülen, mit Küchenkrepp trocken tupfen. Petersilie und Kerbel hacken, Schnittlauch und Kresse mit der Schere klein schneiden. Eier in einer Schüssel mit einer Gabel verschlagen, salzen und die Kräuter untermischen. Daraus nacheinander vier Omeletts backen. Dafür etwas Butter in der Pfanne schmelzen lassen, ¼ der Eimasse reingeben und bei schwacher Hitze 3 Minuten stocken lassen. Das Omelett soll an der Unterseite hellgelb und in der Mitte noch weich sein. Mit einem Pfannenmesser den Rand lösen und die hintere Seite nach vorn klappen.
Mit geviertelten Tomaten garnieren.

Tipp: Verwenden Sie nur Eier von frei laufenden Hühnern – sie schmecken einfach besser!
Wenn Sie Eier für das Osterfest bemalen wollen, dann blasen sie diese für das Omelett aus.

Osterküken, Osterzöpfe, Osterhasen

Ab 3 Jahre

***Zutaten:** 1 Päckchen Trockenhefe, 1 Teelöffel Zucker, knapp ¼ Liter lauwarme Milch, 500 g Mehl, 1 Ei, 50 g Butter oder Margarine, etwas Kondensmilch, 2 Esslöffel Milch, 1 Eigelb*

Zubereitung:

Osterküken: Hefe und Zucker in 5 Esslöffel warmer Milch gehen lassen. Dann mit Mehl, restlicher Milch, Ei und Fett verkneten und wieder 30 Minuten gehen lassen. Für die Küken 2 Teigkugeln von ca. 5 cm (Rumpf) und 2 cm (Kopf) formen. Beide Kugeln mit etwas Kondensmilch aneinanderkleben und auf ein gefettetes Backblech legen. Mit einem spitzen Messer einen kleinen Schnitt für den Schnabel markieren und für das Auge ein Loch mit einem Holzspießchen einstechen. Für die Flügel mit einer Schere ein Dreieck in den Rumpf schneiden.
Im vorgeheizten Ofen, mittlere Schiene, bei 200 Grad 10 Minuten backen. Dann mit in Milch verquirltem Eigelb einpinseln und weitere 5 Minuten goldbraun backen.

Osterzöpfe: Aus dem Teig 20 cm lange Rollen formen. Je 3 Rollen zum Zopf flechten.

Osterhasen: Aus dem gleichen Teig formen die Kinder Osterhasen.

Möhrenkuchen

Ab 6 Jahre

***Zutaten:** 250 g Mehl, 250 g Möhren, 1 Ei, ½ Tasse Milch, 3 Esslöffel Honig, 1 Prise Salz, 1 Päckchen Vanillezucker, 1 Päckchen Backpulver, 1 Teelöffel Zitronensaft*

Zubereitung: Die Möhren reiben. Eigelb und Eiweiß trennen. Das Mehl in eine Schüssel füllen, mit dem Backpulver, Möhren, Eigelb, Milch und Gewürzen gut verrühren.
Das Eiweiß steif schlagen und untermischen. Den Teig in eine Napfkuchenform füllen und im Backofen bei 250 Grad 45 bis 50 Minuten backen.

Den Kuchen über Nacht stehen lassen.

Weitere Infos:
www.ostern-mit-dem-osterhasen.de
www.ostereiermarkt.de
www.onlinekunst.de/ostern
www.das-osterportal.de
www.osterseiten.de
www.osterhasen-museum.de

Halloween

2.4

Immer mehr Menschen feiern das Halloween-Fest. Über den Ursprung gibt es verschiedene Annahmen. Brauchtumsforscher und Ethnologen sind unterschiedlicher Auffassung, wenn es um Erklärungen über die Wurzeln und Wirkung des Phänomens Halloween geht. Eine Erklärung deutet Halloween als ein sehr altes Herbstfest der Kelten, die glaubten, dass in dieser Nacht zum 1. November ein Todesfürst mit bösen Geistern zu den Menschen käme, um sie in sein Reich zu führen. Um ihn abzuschrecken, verkleideten sie sich mit furchterregenden Masken und stellten viele Lichter auf. Zugleich legten sie Nüsse und Früchte vor die Türe, um die „Dämonen" zu besänftigen.

Ähnlich wie in Nordamerika sind heute in Deutschland zu dieser Zeit vor vielen Häusern ausgehöhlte Kürbisse zu sehen. Manchmal ziehen Kinder von Haustür zu Haustür mit dem Ausruf: „Trick or Treat!" (Streiche oder Süßes). Sie erbetteln Süßigkeiten oder spielen Streiche. Vielerorts finden Grusel-Partys statt, bei denen sich die Gäste als Hexen oder böse Geister verkleiden.

Kinder zeigen ein zunehmendes Interesse an Halloween mit den spaßig-schaurigen Gruseleffekten. Durch den Handel landen jährlich neue Halloween-Artikel in den Geschäften. Bei manchen Kindern lösen sie zuweilen Angstgefühle aus, aber einige Kinder schlüpfen gerne in andere Rollen. Sie fühlen sich in der Rolle als Gespenst oder Geist endlich groß und stark, gar übermächtig. In der Kostümierung (ähnlich wie beim Karneval) trauen sie sich, ihre Gefühle zu zeigen. Sie erschrecken Erwachsene, spielen ihnen kleine Streiche, fühlen sich stark und mutig. Schon bei den Festvorbereitungen identifizieren sich die Kinder mit den Grusel-Gestalten, sie lernen, ihre Furcht aktiv-spielerisch zu bewältigen, und erfahren, dass es anderen ähnlich ergeht.

Als Alternative zum Halloween-Fest bietet es sich an, ein Kürbisfest zu feiern. Der Kürbis ist eine vielseitig verwertbare Frucht und ist aufgrund unterschiedlicher Formen und Größe besonders für Kinder sehr attraktiv.

Kürbis

Erst ist er grün
und murmelklein,
dann aber wächst er
ungemein.
Wird semmelgelb
und kugelrund
und wiegt noch mehr
als hundert Pfund.
Rollt so ein Kerl
dir auf den Zeh,
dann hüpfst du wie
ein junges Reh.

(Alfred Könner)

Gespenstergeflüster

Fünf Gespenster

Ab 4 Jahre

Fünf kleine Gespenster hocken vor dem Fenster.
Das erste schreit: „Haaaaa, ich bin da!"
Das zweite heult: „Hooooo, weißt du denn wo?"
Das dritte brummt: „Huuuuu, schließ Tür und Fenster zu!"
Das vierte lacht: „Hiiiiiii, mich findest du nie!"
Das fünfte schwebt zu dir hinein, es flüstert:
„Woll'n wir Freunde sein?"

Beginnend mit dem Daumen nacheinander die einzelnen Finger zeigen.

Gespensterflug

Ab 4 Jahre

Kommen Gespenster angeflogen,
fliegen hoch im weiten Bogen,
setzen sich auf Tannen nieder,
kreisen in die Höhe wieder,
setzen sich auf einen Zaun,
die Mäuse sind schon abgehau'n.

Passend zu den Versen Bewegungen ausführen: Mit den Arme schlagend durch den Raum gehen, in die Hocke gehen und zum Schluss die Hände „verstecken".

Fledermaus und Motte

Ab 3 Jahre

Seht mal, Kinder, seht mal an,
wie die Motte fliegen kann,
rundherum und in die Höh',
da kommt die Fledermaus vorbei,
und eins, zwei, drei,
schon ist's mit der Motte vorbei.

Zunächst nur mit einer Hand kleine Flatterbewegungen ausführen, dann mit beiden Händen und zum Schluss beide Hände ineinanderlegen.

Verschwundene Geister

Ab 3 Jahre

Eins, zwei, drei, vier, fünf, sechs, sieben,
wo sind die Geister geblieben,
sind nicht hier, sind weggerannt,
sind wohl fort ins Geisterland.

Dieser Vers kann zum Abzählen benutzt werden oder die Kinder überlegen, wie er gespielt werden kann.

Zwei Fledermäuse

Ab 3 Jahre

Zwei Fledermäuse hängen traurig unter dem Dach.
Die eine flog weg,
die andere flog weg.
Die eine kam wieder,
die andere kam wieder.
Da hängen sie alle beide wieder,
und sind vergnügt unter dem Dach.

Beide Zeigefinger hängen an der Tischkante, als Fledermäuse fliegen sie weg und kommen wieder.

10 kleine Fledermäuse

Zehn kleine Fledermäuse

(Text überliefert, nach der Melodie „Zehn kleine Negerlein")

Ab 3 Jahre

2. Neun kleine Fledermäuse
flogen durch die Nacht.
Die eine flog zu Dracula,
da waren's nur noch acht.

3. Acht kleine Fledermäuse
wollten Kegel schieben.
Die eine hat total verpennt,
da waren's nur noch sieben.

4. Sieben kleine Fledermäuse
ärgerten die Hex'.
Die Hexe, die hat eins verhext,
da waren's nur noch sechs.

5. Sechs kleine Fledermäuse
flogen in die Sümpf'.
Die eine wollte dableiben,
da waren's nur noch fünf.

6. Fünf kleine Fledermäuse
spielten mal Klavier.
Die eine, die spielt heute noch,
da waren's nur noch vier.

7. Vier kleine Fledermäuse
kochten Käferbrei.
Der einen wurde schlecht davon,
da waren's nur noch drei.

8. Drei kleine Fledermäuse
versteckten sich im Heu.
Die eine musste schrecklich niesen,
da waren's nur noch zwei.

9. Zwei kleine Fledermäuse
frühstückten am Rhein.
Die eine schwamm nach Rotterdam,
die andere blieb allein.

10. Eine kleine Fledermaus,
die tanzte Rumbazumba.
Da kamen die andern neun dazu
und tanzten durcheinander.

11. Und dass auch keins verloren geht,
vor dem Nach-Hause-Gehn,
da hab'n sie noch mal durchgezählt,
da waren's wieder zehn.

Während des Singens zum Text passende pantomimische Bewegungen ausführen. Später können die einzelnen Strophen bildlich gestaltet und zu einem Bilderbuch zusammengeheftet werden.

Hohler Kürbis und Spinnentheater

Ballongespenster

Ab 3 Jahre

***Material:* weiße Luftballons, schwarzes Tonpapier, Klebeband**

Herstellung: Zwei große Kulleraugen und einen Riesenmund (evtl. mit Zähnen und Zahnlücken) auf schwarzes Tonpapier zeichnen und ausschneiden. Aus Klebeband einen Ring formen und die Gesichtsteile auf den prallen Luftballon kleben.

Kürbislaterne

Ab 5 Jahre

***Material:* Luftballon, Tapetenkleister (ca. 100 ml), orangefarbenes Transparentpapier, Schere, Draht, Zange, Stopfnadel, Elektrolaternenstab, Pergamentpapier, Wasserfarben/Wachsmalstifte**

Herstellung: Tapetenkleister anrühren, Transparentpapier in kleine (ca. 5 x 5 cm) Stücke reißen. Luftballon aufblasen. Den Luftballon mit dem Kleister bestreichen und in mehreren Lagen (5 bis 7) immer wieder die Schnipsel aufkleben. Dabei den oberen Bereich nicht bekleben! Den Ballon mit dem nicht beklebten Bereich auf einen leeren Eimer legen und mehrere Tage trocknen lassen. Nach dem Trocknen den Ballon mit Hilfe einer Nadel zerplatzen lassen und vorsichtig aus der Transparentpapierhülle entfernen. Den oberen Rand mit einer Schere sauber abschneiden. Mit einer Stopfnadel zwei einander gegenüberliegende Löcher in den oberen Rand stechen, durch diese den Draht führen und an beiden Enden den Draht verzwirbeln. Stab einhängen und evtl. Kerzenhalter im Boden befestigen.

Tipp: Man kann die Laterne auch mit farblosem Pergamentpapier bekleben und erst nach dem Trocknen bemalen.

Spinnentheater

Ab 5 Jahre

***Material:* Eierkarton, Pfeifenreiniger, Schere, Wackelaugen, Klebstoff, Pinsel, Fingerfarbe, Nadel, Zwirnsfaden**

Herstellung: Die Becherchen aus dem Eierkarton ausschneiden und mit Fingerfarbe bemalen. Nehmen die Kinder zu viel Wasser, kann das Trocknen beschleunigt werden, indem man die Becherchen für einige Minuten in den Backofen gibt. Dann werden mit der Nadel rechts und links vier Löcher gestochen.
In diese Löcher werden 10 cm lange Abschnitte von Pfeifenreinigern gesteckt, nach innen umgeknickt und in Form gebogen. Die Wackelaugen aufkleben und mit der Nadel und dem Faden oben eine Aufhängung anbringen.

Lärmgeister

Ab 3 Jahre

***Material:* Kürbiskerne oder kleine Kieselsteine, leere Kondensmilchdosen, orangefarbene und schwarze Klebefolie oder Klebeband (Isolierband)**

Herstellung: Die Öffnungen der Kondensmilchdosen evtl. etwas vergrößern, die Dosen sauber ausspülen und gut austrocknen lassen, die Papierhüllen entfernen. Kürbiskerne oder sehr kleine Kieselsteine in die Dosen füllen. Zuerst mit einem Klebebandstreifen die Dosenöffnungen fest verschließen und anschließend mit den Klebebändern dekorative Muster kleben.

Hohler Kürbis

Ab 5 Jahre (mit Hilfe der Erwachsenen)

Material: 1 großer Kürbis, Schüsseln für das Fruchtfleisch, die Kerne, den Abfall; scharfes Messer und/oder Sägeblatt, Löffel oder Eiskugelformer, Zahnstocher, Schnitzschablone, Filzstift, Teelicht, Verbandszeug

Herstellung/Schnitztipps:
Reifes Kürbis-Exemplar (z. B. Hokaido) verwenden, es lässt sich leichter aushöhlen. Das Fruchtfleisch sowie die Kerne sind genießbar und können weiter verwendet werden (Rezepte siehe Seite 99). Die Arbeitsfläche gut mit Plastikfolie/Zeitungspapier auslegen, es fällt viel nasser Abfall an (Teller/Schüsseln bereitstellen). Zum Schnitzen entweder ein scharfes, langes, schmales Messer oder ein Sägeblatt verwenden (damit lässt es sich präziser arbeiten) oder ein im Handel angebotenes Schnitz-Set. Beim Anschneiden des Deckels eine eckige Form (Sechs- oder Achteck) wählen, es schneidet sich einfacher und der Deckel sitzt stabiler.
Zum Aushöhlen am besten einen Eiskugelformer oder einen kantigen, unbiegsamen Löffel verwenden. Das Durchtrennen der Fasern ist mühsam, sie sind ziemlich zäh. Eine etwa 2 cm dicke Wand stehen lassen. Fruchtfleisch und Kerne bis zur weiteren Verwendung kühl aufbewahren.

Die beabsichtigten Schnitte auf den Kürbis zeichnen, dazu eine Schnittvorlage mit Stecknadeln auf dem Kürbis feststecken und die Konturen mit einem kräftigen Filzstift innen vom Schnitt nachzeichnen. Am besten von innen nach außen an den Rand arbeiten, zuerst die kleineren Teile, dann die größeren schnitzen, bei falschen Schnitten die Teile mit Zahnstochern (Stabilität) wieder zusammenfügen, die Zahnstocher sollten schräg nach oben zeigen (Stabilität). Zur Sicherheit das Erste-Hilfe-Set in greifbare Nähe platzieren.
In den ausgehöhlten Kürbis ein brennendes Teelicht setzen.

Huibuh und andere Gespenster

Kellerschatz

Ab 4 Jahre

***Mitspieler:* 3 bis 15**

***Material:* weißes Betttuch**

Spielverlauf: Ein Kind sitzt als Gespenst unter einem weißen Betttuch in der Kreismitte. Die Kinder laufen im Kreis umher und singen zu einer Leiermelodie:

Wir wollen in den Keller geh'n,
um unsern Schatz zu holen,
doch das Gespenst darf es nicht seh'n,
sonst wird es einen holen.
Um eins kommt's nicht,
um zwei/drei/vier/fünf/sechs/sieben/acht/
neun/zehn kommt's nicht,
um elf, da pocht es, um zwölf, da kommt es.

Bei „um zwölf, da kommt es", steht das Gespenst auf und versucht, ein Kind zu fangen. Dieses Kind ist in der nächsten Spielrunde das Kellergespenst.

Nachtgespenster

Ab 5 Jahre

***Mitspieler:* 3 bis 15**

***Material:* Ball, weißer Kopfkissenbezug, schwarze Fingerfarbe**

Spielverlauf: Auf den Kopfkissenbezug mit schwarzer Farbe ein Gesicht malen, den Ball hineinstecken, beide hoch in die Luft werfen und dazu „Gespensterball" rufen. Wer den Ball fängt, darf nächster Werfer sein.

Nachtgeräusche

Ab 5 Jahre

***Mitspieler:* 2 bis 8**

***Material:* Kassettenrecorder, Kassette mit 10 Geräuschen, 10 Teelichter, Streichhölzer**

Spielverlauf: Die vorher gemeinsam aufgenommenen 10 Geräusche werden in einem abgedunkelten Raum mit brennenden Teelichtern gemeinsam abgehört. Wird ein Geräusch richtig erkannt, darf ein Teelicht ausgepustet werden. Zum Abschluss erzeugt jeder sein eigenes Nachtgeräusch.

Huibuh, das Gespenst

Ab 4 Jahre

***Material:* Holzstab oder glatter, gerader Ast (ca. 25 cm lang), Watte, 1 weißes, dünnes Tuch (ca. 40 x 40 cm), Bindfaden, schwarzer Filzstift**

Herstellung: In die Mitte des Tuches von innen nach außen ein Stück Bindfaden (ca.15 cm) ziehen. Watte zu einer festen, tennisballgroßen Kugel formen und in die Mitte des Tuches legen. Das Tuch um die Kugel legen (bildet den Marionettenkopf) und mit einem weiteren Bindfaden (ca. 10 cm) abbinden, das Fadenende verknoten. Zwei gegenüberliegende Ecken des Tuches mit je einem Faden (ca. 20 cm, sie bilden die Arme) abbinden. Diese Bindfadenenden jeweils an die Außenseite des Holzstabes knoten. Zum Schluss ebenso den mittleren Kopffaden an den Stab knoten. Nun mit dem Filzstift ein Gesicht auf den Gespensterkopf zeichnen. Mit mehreren Marionetten und Spielern kann das Halloweenlied (S. 97) begleitet werden oder es wird ein Rollenspiel ausprobiert.

Kürbisknacker und Spinnenbrot

Kürbisknacker

Ab 3 Jahre

***Zutaten:* frische Kürbiskerne, Olivenöl**

Zubereitung: Frische Kürbiskerne in einem Sieb unter fließendem Wasser gründlich abwaschen, abtropfen lassen und anschließend auf Küchenkrepp ausbreiten und trocken tupfen. Das Backblech mit Backpapier auslegen, die Kerne darauf verteilen, mit etwas Olivenöl beträufeln und mit einer Prise Salz bestreuen. Im vorgeheizten Backofen bei ca. 175 Grad etwa 15 Minuten rösten. Nach dem Abkühlen mit oder ohne Schale verzehren oder auf der Kürbissuppe verteilen.

Blutroter Tee

Ab 5 Jahre

***Zutaten:* pro Portion 1 Beutel Brombeertee, Honig oder Zucker zum Süßen**

Zubereitung: Die Teebeutel in eine Glaskanne geben, mit kochendem Wasser aufgießen und ca. 10 Minuten zugedeckt ziehen lassen. Den Tee je nach Geschmack süßen.

Grüner Sprudel

Ab 3 Jahre

***Zutaten:* ½ Liter Orangensaft, 1 Flasche Mineralwasser mit Kohlensäure, Waldmeistersirup, evtl. kleine Melonenstücke**

Zubereitung: Orangensaft und Mineralwasser mischen und zur Farbgebung etwas Waldmeistersirup zufügen, die Melonenstücke zugeben, umrühren.

Spinnenbrot

Ab 5 Jahre

***Zutaten:* Brottaler, Erdnussbutter, Salzstangen, Erdnüsse**

Zubereitung: Einen Brottaler mit Erdnussbutter bestreichen und dann einen zweiten darauflegen. Die halbierten Salzstangen als Spinnenbeine zwischen die Brottaler stecken. Zum Schluss mit etwas Erdnussbutter die zwei halben Erdnusskerne als Augen anbringen. Die Spinnenbrote auf einem mit Alufolie bedeckten Teller servieren.

Kürbissuppe

Ab 5 Jahre

***Zutaten:* 1 kg Kürbisfleisch, 2 Esslöffel Butter, 1 Liter Gemüsebrühe, 1 Becher saure Sahne, Zitrone, Salz, Pfeffer, geröstete Brotwürfel**

Zubereitung: Kürbis würfeln, Würfel mit der Butter 10–15 Minuten dünsten, die Gemüsebrühe hinzugeben, kurz aufkochen, die Sahne einrühren und mit Zitronensaft, Salz und Pfeffer würzen. Kurz vor dem Servieren die gerösteten Brotwürfel auf die Suppe geben.

St. Martin

2.5

Martin lebte im 3. Jahrhundert als Bischof von Tours in Frankreich. Doch statt in der Stadt zu leben, baute er außerhalb der Stadtmauern ein Kloster. Als Nothelfer und Wundertäter wurde Martin schnell in Franken bekannt. Wegen seines mutigen Lebens erklärte man ihn zum Nationalheiligen und Schutzherrn der fränkischen Könige. Bald wurde sein Kult auch in Deutschland beliebt.

Viele Legenden ranken sich um seine Person. Eine besagt, dass Martin in einer kalten Winternacht seinen Mantel mit seinem Schwert teilte und eine Hälfte einem Bettler, der am Wegesrand saß, überließ. Eine weitere Überlieferung berichtet, dass Martin, als man ihn zum Bischof von Tours ernennen wollte, sich in einem Gänsestall versteckte, weil die große Verantwortung ihm Angst machte. Die Gänse machten aber durch ihr Schnattern erst recht auf ihn aufmerksam. Diese Legenden können auch schon jüngeren Kindern erzählt werden.

Zum Andenken an den Heiligen Martin zieht am 11. November in vielen Orten ein Laternenumzug durch die Straßen. Während des Umzugs werden Martins- und Laternenlieder gesungen, oft begleitet von einem Musikcorps und einem Reiter auf dem Pferd sowie einem als Bettler verkleideten Mann. Manchmal endet der Umzug mit einem Martinsfeuer, bei dem der Reiter symbolisch seinen Mantelumhang mit dem Bettler teilt.

Die Kinder freuen auf das Martinsfest und den Laternenumzug. Durch die gemeinsamen Vorbereitungen stimmen sich Eltern und Kinder auf das Fest ein. Das Erzählen der Martinslegende, Singen der Martinslieder, Backen des Martinsgebäcks sind kindgemäße Methoden, um den Martinsgedanken in den Alltag zu bringen Die Kinder erfahren so auf spielerisch-symbolische Weise, dass Teilen und Schenken Freude bereitet.

Bei der Anfertigung einer eigenen Laterne wächst die Spannung auf den Gang durch die abendliche Dunkelheit. Stolz präsentieren sie später beim Umzug ihr Werk. Um die Erlebnisse rund ums Laternenfest anschließend zu vertiefen, eignen sich die unterschiedlichen Spiele und Experimente mit Licht und Schatten. Diese regen die kindliche Fantasie an, fordern die kindliche Neugierde heraus und mindern vielleicht die Angst vor der Dunkelheit.

Laternenlicht

Vom Himmel leuchten Mond und Sterne,
auf der Erde geh ich mit meiner Laterne.
Meine Laterne leuchtet hell und fein,
ich bin mit ihr jetzt ganz allein.
Allein zu sein, das mag ich nicht,
gerne teile ich mit dir mein Laternenlicht.
(überliefert)

Martinsgeschichten

Martin teilt seinen Mantel

Ab 3 Jahre

Eines Abends im Winter, als der Soldat Martin nichts außer Waffen und dem warmen Mantel bei sich trug, begegnete er einem armen Mann.
Der Winter war sehr, sehr kalt und der Arme trug nur eine lumpige Hose. Er bettelte die wenigen vorbeigehenden Menschen an, ihm zu helfen. Da erkannte Martin, dass er dem Bettler helfen sollte. Aber wie? Außer seinem Soldatenmantel und dem Schwert hatte er ja nichts. Also nahm er sein Schwert und teilte den Mantel mitten entzwei. Den einen Teil gab er dem Armen und hüllte sich selbst in den anderen Teil. Einige der Umstehenden begannen zu lachen, denn Martin sah mit dem halben Mantel armselig aus. Andere dagegen bedauerten sehr, dass sie nicht selbst geholfen hatten, zumal sie viel reicher als Martin waren und dem Armen hätten helfen können.
In der nächsten Nacht träumte Martin von Jesus. Er verließ daraufhin das Heer des Kaisers und wollte kein Soldat mehr sein, er wollte lieber den Armen helfen. Überall im Land erzählte man von seiner guten Tat und bald kannte jeder die Geschichte von Martin und dem Bettler. Er war nun ein bekannter Mann.

Martin wird Bischof

Ab 3 Jahre

Martin lebte in jener Zeit als Mönch in einem Kloster. Viele Menschen liebten und verehrten ihn, sie wollten ihn sogar zum Bischof machen. Aber Martin wollte nicht, er lehnte ab. Er fürchtete sich vor diesem Amt und meinte, er würde nie ein guter Bischof werden. Aber alle waren sich einig: Martin sei der Beste für das Bischofsamt.
Während der Diskussionen hatte er sich entfernt und versuchte sich vor der Versammlung zu verbergen, um der Ernennung zum Bischof zu entgehen. Da er keinen geeigneten Ort fand, versteckte er sich schließlich in einem Gänsestall. Die Gänse im Gänsestall aber schnatterten so laut und waren so aufgeregt, dass man Martin schließlich doch entdeckte. So wurde Martin Bischof von Tours und ein guter Bischof.

Laternen- und Martinslieder

Ich geh mit meiner Laterne (Text und Melodie überliefert)

Ab 3 Jahre

Sankt Martin (Text und Melodie überliefert)

Ab 5 Jahre

2. Im Schnee saß, im Schnee saß,
im Schnee, da saß ein armer Mann,
hat Kleider nicht, hat Lumpen an.
O, helft mir doch aus meiner Not,
sonst ist der harte Frost mein Tod.

3. Sankt Martin, Sankt Martin,
Sankt Martin zieht die Zügel an,
das Ross steht still beim armen Mann.
Sankt Martin mit dem Schwerte teilt,
den warmen Mantel unverweilt (rasch).

4. Sankt Martin, Sankt Martin,
Sankt Martin gibt den halben still,
der Bettler rasch ihm danken will.
Sankt Martin aber ritt in Eil'
hinweg mit seinem Mantelteil.

Martinslaternen und Schattentheater

Martinslicht

Ab 4 Jahre

***Material:** farbiges Transparentpapier, naturfarbenes Japanpapier, 1 Einweckglas, Zeichenstift, Schere, Kleister*

Herstellung: Ein Martinsmotiv wie Pferd oder Schwert auf farbiges Transparentpapier zeichnen, ausschneiden. Kleister auf das Glas streichen, Motive sorgfältig aufkleben. Ein Viereck des naturfarbenen Japanpapiers vorsichtig darüberkleben und alles trocknen lassen. Später ein brennendes Teelicht einsetzen, die Motive wirken wie im Nebel.

Papiertütenlaterne

Ab 4 Jahre

***Material:** Papiertüte, buntes Transparentpapier, Schere, Klebstoff, Elektrolaternenstab*

Herstellung: Mit der Schere werden Muster in die Tüte geschnitten. Danach werden sie mit buntem Transparentpapier hinterklebt. Zum Schluss wird der Laternenstab an den Henkeln der Tüte eingehängt.

Laternenmemory

Ab 4 Jahre

***Material:** 30 Karten aus Fotokarton (5 x 5 cm), bunte Filzstifte, selbstklebende Klarsichtfolie*

Herstellung/Spielverlauf: Die Kinder malen 15 verschiedene Laternen auf je ein Kartenpaar, einmal mit Tragestab und einmal ohne Stab. Die bemalten Karten mit selbstklebender Klarsichtfolie beziehen. Alle Karten liegen mit der Rückseite nach oben auf der Spielfläche. Wie beim Memoryspiel müssen nun durch das Umdrehen der Karten die zusammengehörenden Laternenpaare gefunden werden.

Tipp: Wenn Kindern der Umgang mit der Schere noch schwer fällt, können die Motive auch mit einer Prickelnadel (dickere Nadel mit Griff) ausgestochen werden. Dazu liegt die Vorlage auf einer dickeren Filzplatte und das Motiv wird später an der perforierten Linie vorsichtig herausgelöst.

Milchkartonlaterne

Ab 5 Jahre

***Material:** 1 leerer Milchkarton (2 Liter), Schere, Cutter, Zange, Draht, Fingerfarbe, Klebstoff, Glitzer, 1 Stück feste Pappe, Stopfnadel, Elektrolaternenstab*

Herstellung: Mit der Schere den Deckel des Kartons abschneiden, anschließend mit dem Messer in den ausgewaschenen, trockenen Milchkarton verschiedene Muster oder Fenster ritzen. Danach den Karton bunt bemalen und die Laterne nach dem Trocknen mit Glitzer verzieren. Mit der Stopfnadel in den oberen Rand zwei einander gegenüberliegende Löcher stechen, durch diese den Draht führen und an beiden Enden verzwirbeln, den Elektrolaternenstab einhängen.

Laternenampel

Ab 5 Jahre

Material: 1 Bogen schwarzer Fotokarton (70 mal 100 cm), farbiges Transparentpapier, Pergamentpapier, Schere, Cutter, Klebstoff, Malstifte, Draht, Zange, Stopfnadel, Elektrolaternenstab

Herstellung: Aus dem Fotokarton wird der Rahmen für die Laterne (siehe Skizze) ausgeschnitten:
Boden und Deckel: 14 x 14 cm mit jeweils ca. 2 cm Klebelasche. Wände: 14 x 32 cm, Klebelasche an einer Seite. Mit dem Cutter in die Wände der Laterne (am besten vorgezeichnete) Muster oder Figuren schneiden. Die entstandenen Muster werden mit buntem Transparentpapier hinterklebt. In den Deckel ein Fenster (10 x 10 cm) schneiden.
Mit der Stopfnadel in den oberen Rand zwei sich gegenüberliegende Löcher stechen, durch diese den Draht führen und an beiden Enden verzwirbeln, Elektrolaternenstab einhängen.

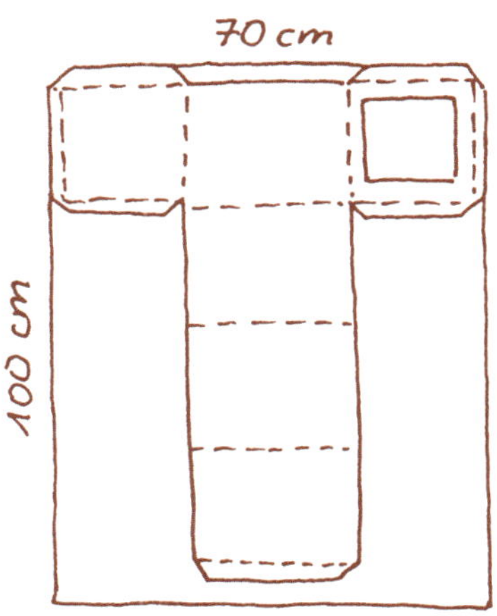

Schattentheater

Ab 5 Jahre

Material: transparentes Papier, Kopiervorlagen mit Martins- oder Laternenmotiven, Holzspieße, Tonpapier, Zeichenstift, Schere, Klebeband, evtl. stabiler Esstisch als Bühne

Herstellung/Verlauf: Die Kinder kopieren ausgewählte Abbildungen (Pferd, Martin, Laterne, Bettler, Mantel, Schwert) mittels transparentem Papier. Sie schneiden die Konturen aus und übertragen die Motive auf das Tonpapier. Hinter die ausgeschnittenen Figuren kleben sie mit Klebeband einen Holzspieß. Zum Stabfigurenspiel wird der Esstisch als Spielbühne umfunktioniert, indem er auf eine Längsseite gelegt wird. Für das Schattenspiel ein weißes Bettlaken mit Bindfaden an zwei Tischbeinen befestigen und eine Lichtquelle (Stabtaschenlampe oder Schreibtischlampe) aufstellen.

Nach einer ausgiebigen Experimentierphase entwickeln die Kinder ein kleines Rollenspiel, das sie später Zuschauern vorführen.

Laternentanz

Laternentanz

Ab 5 Jahre

Mitspieler: beliebig (ungerade Teilnehmerzahl)

Material: eine Laterne, Musik

Spielverlauf: Alle Spieler bewegen sich zur Musik. Stoppt die Musik, sucht sich jeder einen Partner. Der Teilnehmer ohne Partner tanzt mit der Laterne und macht dabei eigene Tanzbewegungen vor, die alle nachmachen, z. B. in die Hocke gehen, sich drehen usw. Stellt er während des Tanzens die Laterne auf den Boden, suchen sich alle einen neuen Tanzpartner.

Wer ist das?

Ab 3 Jahre

Material: Betttuch, Lampe, Bindfaden, Heftzwecken

Spielverlauf: Das Laken mit dem Bindfaden oder Heftzwecken im Raum spannen und befestigen. Die Lampe sicher stellen und den Raum abdunkeln. Einige Kinder bleiben im Zuschauerraum und einige verlassen den Raum, stellen sich nacheinander hinter das Tuch. Die Zuschauer erraten, welches Kind das ist. Anschließend wechseln Zuschauer und Schattenspieler die Rollen.

- Die Schattenspieler tanzen oder verrenken sich.
- Die Schattenspieler setzen verschiedene Hüte auf.
- Ältere Schattenspieler zeigen typische Tierbewegungen, zum Beispiel vom Affen, Pferd usw.

Taschenlampensterne

Ab 4 Jahre

Material: Taschenlampen, Entspannungsmusik

Verlauf: Verdunkelter Raum, jeder Teilnehmer liegt bequem mit seiner Taschenlampe auf dem Boden. Mit den Taschenlampen wird die Geschichte dargestellt, sie wird ruhig und langsam zur Musik erzählt.

Die Sonne ist gerade untergegangen. Ganz langsam erscheint ein Stern nach dem anderen am Himmelszelt. Bald leuchten alle Sterne und freuen sich über die Nacht. Sie fangen an, sich ganz langsam zu bewegen. Wie jede Nacht finden sie die anderen Sterne und begrüßen sie.
Nun sind die Sterne richtig munter und bewegen sich mit der Zeit immer schneller. Jeder Stern bewegt sich anders, der eine saust über den Himmel, einer tanzt und schlägt lauter Purzelbäume und einer schleicht langsam hin und her.
Jetzt sucht sich jeder seine eigene Umlaufbahn, wenn er sie gefunden hat, bleibt er für eine Weile darauf und lässt sich überraschen, ob er einen bekannten Stern auf seiner Bahn trifft.
Dann verweilt der Stern auf seinem Lieblingsplatz und beginnt ganz vorsichtig, sich um seine eigene Achse zu drehen, um dann den berühmten Sternentanz daraus entstehen zu lassen.
Manche Sterne bilden in der späten nacht auch noch Sternengruppen, die dann gemeinsam besonders schön leuchten ... und lösen sich wieder auf.
Bald wird die Dämmerung kommen ... und langsam verschwindet der erste, zweite, dritte Stern vom Himmel, bis sich alle Sterne verabschiedet haben.

Martinsbrot und Martinspunsch

Martinstaler

Ab 5 Jahre

***Zutaten:** 100 g gemahlene Mandeln, 100 g Zucker, 100 g Mehl, 100 g Butter, 3 Eigelb, 1 Prise Salz, ca. 22 halbe Mandeln, ca. 22 Backoblaten (Durchmesser 4 cm), Zimt*

Zubereitung: Mandeln und Zucker vermischen. Danach Mehl, Butter, Eigelb, Salz und Zimt unterkneten. Kleine Menge auf Oblaten setzen, flach drücken und die halbe Mandel aufsetzen, auf ein Backblech legen und bei 200 Grad etwa 20 Minuten backen.

Martinsbrot

Ab 4 Jahre

***Zutaten:** 500 g Weizenmehl, 1 Würfel frische Hefe (30 g), 1 Teelöffel Zucker, 1 Teelöffel Salz, 2 Esslöffel Sonnenblumenöl, 2 Tassen lauwarme Milch*

Zubereitung: Mehl in eine Schüssel geben, in die Mitte eine Vertiefung drücken, Hefe in die Mitte bröseln, Zucker und 4 Esslöffel lauwarme Milch auf die Hefe geben, mit Mehl bestäuben und zugedeckt etwa 30 Minuten gehen lassen. Wenn die Mehldecke reißt, die übrigen Zutaten an den Rand legen und mit der Hand von der Mitte aus vermengen, lauwarme Milch stetig nachgießen. Den fertigen Teig mit beiden Händen auf der Tischplatte gründlich durchkneten, wieder gehen lassen und wieder kräftig durchkneten. Eine lange Rolle formen, die Rolle als Brezel auf ein Backblech (Backpapier) legen und mit dem Messerrücken mehrmals einkerben. Auf der unteren Schiene bei ca. 170 Grad etwa 20 bis 30 Minuten backen. Die fertige Brezel wird unter den Essern aufgeteilt und mit Butter und Honig gegessen.

Martinspunsch

Ab 3 Jahre

***Zutaten:** ½ Liter Apfelsaft, ½ Liter Kirschsaft, 1 Teelöffel Zimt, Honig oder Zucker zum Süßen*

Zubereitung: Die Säfte mit dem Zimt in einem Topf mischen und erwärmen, mit Zucker abschmecken. 10 Minuten ziehen lassen, lauwarm trinken.

Süße Martinsgans

Ab 5 Jahre

***Zutaten:** 200 g Quark, 100 g Zucker, 8 Esslöffel Öl, 6 Esslöffel Milch, 1 Eigelb, 1 Päckchen Vanillezucker, 1 Prise Salz, 400 g Mehl, 1 Päckchen Backpulver, Rosinen, Gans-Schablone aus Pappe*

Zubereitung: Quark nach und nach mit Milch, Öl, Ei, Zucker, Salz gut verrühren. Mehl mit Vanillezucker und Backpulver unterkneten. Teig ausrollen, Gans-Schablone auflegen und Gänse herausschneiden, auf ein mit Backpapier ausgelegtes Blech legen, mit Eigelb bestreichen, eine Rosine als Auge eindrücken, ca. 20 Minuten bei 200 Grad backen.

Rätsel

Ich esse es täglich,
es schmeckt mir fein,
mit Butter und Honig,
auch trocken kann's sein.
Doch es schmeckt mir noch besser,
wenn da sind ganz viele Esser.
(Brot)

Nikolaus

2.6

In Deutschland wird der Tag des heiligen Nikolaus seit etwa 900 Jahren gefeiert. Über sein Leben existieren viele Legenden und er gilt als Schutzheiliger der Kinder, Brautleute und Seefahrer. In vielen Ländern stellen die Kinder am Abend vor dem Nikolaustag ihre Schuhe vor die Tür, in der Hoffnung, dass diese am nächsten Morgen mit Süßigkeiten gefüllt sind. In einigen Ländern tritt der heilige Nikolaus im Gewand eines Bischofs auf und in anderen Gebieten als Weihnachtsmann, in einer eher dicklich-gemütlichen Gestalt mit weißem Bart im roten, pelzbesetzten Mantel. Im Gegensatz zu früheren Zeiten steht heute allerdings nicht mehr das Bestrafende, sondern seine Güte im Vordergrund. Deshalb tritt neben dem Nikolaus nur noch gelegentlich Knecht Ruprecht oder der Krampus auf. Die Kinder tragen Lieder, Gedichte oder Gebete vor, ehe sie vom Nikolaus mit Geschenken (Süßigkeiten, Nüssen, Äpfeln) belohnt werden.

Für viele Kinder hat dieser Tag eine besondere Bedeutung. Einerseits äußern sie freudig angespannte Erwartungen, aber manchmal zeigen sie auch Ängstlichkeit. Insbesondere deshalb, weil viele Erwachsene noch immer mit dem Auftritt des Nikolaus drohen, um angepasstes Verhalten zu erzielen. Solch fragwürdiges Erziehungsverhalten bringt sicher keinen dauerhaften Erfolg. Zum Ereignis begleitend können Kinder ihre Gefühle bei Bewegungs-, Rollen- und Bastelspielen äußern.

Der Nikolaustag kann auf unterschiedliche Weise gefeiert werden, wichtig ist, seinen ursprünglichen Sinn zu erhalten, nämlich anderen eine Freude zu bereiten. Ob bei dem Fest der Nikolaus als personifizierte Gestalt auftritt, ist dabei eher zweitrangig, den Kindern sollte allerdings die Vorstellung der Nikolausgestalt erhalten bleiben. Bei jüngeren Kindern könnten zudem Angstzustände erzeugt werden, wenn eine vertraute Person sich vor ihnen als Nikolaus verkleidet.

Eine Alternative zur traditionellen Nikolausfeier kann mit den älteren Kindern besprochen und entwickelt werden, wobei sie sich gerne kreativ einbringen.

Nikolaustag

Der Nikolaus geht um das Haus,
er will dich heut besuchen.
Er kommt von weit her,
sein Sack ist so schwer,
von Nüssen und von Pfefferkuchen.
(überliefert)

Lieber heiliger Nikolaus

Nikolaus backt Walnusskuchen

Ab 3 Jahre

Kommt der Nikolaus daher,
kommt zum Walnussbaum.
Schaut hinauf und freut sich sehr,
Nüsse wie im Traum.
Und er schüttelt rapp, zapp, zapp,
fallen alle Nüsse ab.
Hebt sie auf in seinen Sack,
trägt nach Haus ihn huckepack.
Backt einen leck'ren Walnusskuchen.
„Ihr Kinder könnt ihn gern' versuchen!"

Zeige- und Mittelfinger der linken Hand wandern über den Tisch, rechten Unterarm als Baum aufstellen, Arm schütteln, mit den Fingern auf den Tisch klopfen, eine Hand bildet den Sack, die andere tut etwas hinein, „Huckepack-Tragen", pantomimisch „Kuchen ausrollen", Lockbewegung

Warten auf den Nikolaus

Ab 3 Jahre

Dick, Tim, Tina, Fritz und Klaus,
warten auf den Nikolaus.
Mit dem Stabe so gebogen,
kommt er durch das Dorf gezogen.
Hat 'ne spitze Mütze auf,
mit 'nem goldnen Kreuze drauf.
„Komm doch herein, Sankt Nikolaus
und leer dein volles Säckchen aus!"

Die fünf Finger einer Hand führen passende Bewegungen zum Vers aus.

Sterne für den Nikolaus

Ab 3 Jahre

1. Kommt der Nikolaus auch zu mir,
ich warte ungeduldig hier.
Er geht erst in Haus eins, Haus zwei, Haus drei, Haus vier
und kommt dann zu mir.

2. Wann ist der Nikolaus hier,
ich wart schon lange vor der Tür.
Er klopft erst an die erste Tür, zweite Tür, dritte Tür, vierte Tür
und dann ist er bei mir.

3. Der Nikolaus ist endlich da,
ich freue mich, hurra!
Er hat ein Päckchen für dich
und ein Päckchen für mich.

4. Danke, guter Nikolaus,
wir packen schnell die Päckchen aus.
Und dieses Päckchen hier,
das schenken wir dir.

5. Lieber, guter Nikolaus,
schau dir diese Sterne an.
Der erste hier heißt Abendrot,
der Himmelblau, der Sternengold
und der vierte in Weiß, ist vielleicht aus Eis.

Die Verse gestisch und mimisch begleiten. Zum Schluss den mit selbst gebastelten Sternen gefüllten Briefumschlag öffnen und die Sterne zeigen.

Knecht Ruprecht mit dem Esel
(überliefert)

Ab 5 Jahre

1. Der Esel, der Esel,
   wo kommt der Esel her?
   Von Wesel, von Wesel,
   er will ans Schwarze Meer.

2. Wer hat denn, wer hat denn
   den Esel so bepackt?
   Knecht Ruprecht, Knecht Ruprecht
   mit seinem Klappersack.

3. Mit Nüssen, mit Äpfeln,
   mit Spielzeug allerlei,
   und Keksen und Kuchen
   aus seiner Bäckerei.

4. Wo bäckt denn, wo bäckt denn
   Knecht Ruprecht seine Speis?
   In Island, in Island,
   drum ist sein Bart so weiß.

5. Die Rute, die Rute,
   die ist dabei verbrannt.
   Heut sind die Kinder artig
   im ganzen Land.

6. Ach Ruprecht, ach Ruprecht,
   oh lieber Weihnachtsmann:
   Komm auch zu mir
   mit deinem Sack heran.

Zu dem Gedicht ein pantomimisches Rollenspiel überlegen und darstellen, z. B. reiten, Sack tragen, evtl. auch mit Verkleidung.

Lieber heiliger Nikolaus

Ab 5 Jahre

Lieber heiliger Nikolaus,
segne uns und unser Haus!
Gib, dass wir wie du bedenken,
wie wir den Menschen Freude schenken!
Gib uns einen frohen Sinn!
Führ uns zu denen, die uns brauchen, hin!
Irgendwo ist ein Mensch allein,
könnte das nicht anders sein?
Gib, dass wir wie du bedenken,
wie wir den Menschen Freude schenken!

Dieses Gedicht kann Anlass sein, um nachdenkliche Gespräche zu führen.

Lasst uns froh und munter sein

Lasst uns froh und munter sein (Text und Melodie überliefert)

Ab 3 Jahre

2. Dann stell ich den Teller auf,
   Niklaus legt gewiss was drauf.
   Lustig, lustig, traleralera!
   Bald ist Nikolausabend da,
   bald ist Nikolausabend da!

3. Wenn ich schlaf, dann träume ich,
   jetzt bringt Niklaus was für mich.
   Lustig, lustig, traleralera!
   Bald ist Nikolausabend da,
   bald ist Nikolausabend da!

4. Wenn ich aufgestanden bin,
   lauf ich schnell zum Teller hin.
   Lustig, lustig, traleralera!
   Heut ist Nikolausabend da,
   heut ist Nikolausabend da!

5. Niklaus ist ein guter Mann,
   dem man nicht genug danken kann.
   Lustig, lustig, traleralera!
   Heut ist Nikolausabend da,
   heut ist Nikolausabend da!

Den Liedtext pantomimisch darstellen und zu dem Refrain klatschen.

Goldschachtelgeheimnisse

Goldschachtelgeheimnisse

Ab 3 Jahre

***Material:** 20 leere Streichholzschachteln, Glanzpapierreste, Schere, Klebstoff, Rosinen, Naschereien wie: Nusskerne, Kekse, Trockenobst, Schokostückchen*

Herstellung/Spielverlauf: Die Streichholzschachteln mit den Papierresten bekleben, trocknen lassen. Die Schachteln mit den Naschereien füllen, in jeweils 2 Schachteln das Gleiche legen. Das Spiel nach den Memory-Regeln durchführen. Wer ein Pärchen gefunden hat, darf den Inhalt mit einem anderen teilen und aufessen. Das Spiel endet, wenn alle Schachteln leer sind.

Variante: Nur in eine Schachtel eine Nascherei legen. Alle Schachteln durcheinanderschieben. Nacheinander heben die Spieler nun eine Schachtel hoch und schüttelt sie vorsichtig. Wer die gefüllte gefunden hat, darf den Inhalt essen und die Schachtel neu auffüllen.

Schwarzer Krampus

Ab 5 Jahre

***Material:** 20 Kartenpaare mit Nikolausmotiven herstellen, auf einer Karte ist Schwarzer Krampus abgebildet*

Spielverlauf: (Spielregel wie bei Schwarzer Peter) Die Karten mischen und zwischen den Mitspielern gleichmäßig verteilen. Im Uhrzeigersinn beginnt der älteste Spieler und zieht bei seinem rechten Nachbarn eine Spielkarte. Bildet sie mit einer seiner Karten ein Paar, legt er das Paar zur Seite, andernfalls sortiert er sie in seinen Kartenfächer ein. Den Vorgang so lange wiederholen, bis zum Schluss die Karte Schwarzer Krampus übrig bleibt. Wer Schwarzer Krampus wird, beginnt die nächste Spielrunde.

Schachtelvers

Schachtel rütteln, Schachtel schütteln,
Schachtel voll, Schachtel leer?
Zeig sie her!

Da stapft ein Ni-Na-Nikolaus

Da stapft ein Ni-Na-Nikolaus

Ab 3 Jahre

Da stapft ein Ni-Na-Nikolaus
in unserm Kreis herum.
Da stapft ein Ni-Na-Nikolaus
in unserm Kreis herum.

Er rüttelt sich, er schüttelt sich,
er wirft den Sack jetzt hinter – dich. (auf ein Kind zeigen)
Du bist jetzt gleich der Nikolaus
und stapfst im Kreis herum.

Den Text zu der Melodie „Es tanzt ein Bi-Ba-Butzemann" singen. Die Bewegungen entsprechend des Liedtextes ausführen.

Knecht Ruprecht, schläfst du noch?

Ab 4 Jahre

Material: ein dunkel gefärbtes Betttuch mit aufgeklebten Sternen

Spielverlauf: Knecht Ruprecht sitzt in seiner Sternenhöhle. Die Kinder stehen davor und rufen alle: „Knecht Ruprecht, schläfst du?" Knecht Ruprecht: „Ja!" Alle: „Wie lange noch?" Knecht Ruprecht: „Bis 3 Uhr!" Daraufhin zählen alle bis drei. Dann kommt der Knecht Ruprecht aus seiner Sternenhöhle heraus und fängt ein Kind, das in der nächsten Spielrunde den Knecht Ruprecht spielt.

Was trägt der Nikolaus in seinem Sack?

Ab 4 Jahre

Material: Jutesack, ca. 5 verschiedene Gegenstände oder Früchte

Alle: Der Nikolaus, der Nikolaus,
der geht bei uns von Haus zu Haus.
Wir seh'n ihn hier im Kreise geh'n,
halt Nikolaus, bleib steh'n, bleib steh'n.

Kind: Sag, hast du mir was mitgebracht?
Ach, das hätt' ich mir nicht gedacht.
Drum fass ich in den Sack hinein.

Alle: Sag an, was kann das sein, das sein?

Die Kinder sitzen im Kreis. Ein Kind geht als Nikolaus mit einem Sack im Kreis herum. In diesem Sack sind drei bis acht verschiedene Gegenstände. Bleibt der Nikolaus vor einem Kind stehen, fasst dieses in den Sack, tastet einen Gegenstand und benennt ihn. Ist er richtig erraten, wird er zur Seite gelegt. Dieses Kind wird in der nächsten Spielrunde der neue Nikolaus.

Abzählvers

1, 2, 3, 4, 5, 6, 7
wo ist Knecht Ruprecht bloß geblieben?
Ist nicht hier, ist fortgerannt,
ist wohl schnell ins Weihnachtsland.

Ministutenkerle und Nikolausstiefel

Ministutenkerle

Ab 4 Jahre

Zutaten (für ca. 10): 500 g Weizenmehl, 1 Würfel frische Hefe, 1 Teelöffel Zucker, 1 Teelöffel Salz, 2 Esslöffel Sonnenblumenöl, ca. ¼ Liter lauwarme Milch, Rosinen zur Dekoration

Zubereitung: Mehl in eine Schüssel geben, in die Mitte eine Vertiefung machen, festdrücken, Hefe in die Mitte bröseln, Zucker und 4 Esslöffel lauwarme Milch auf die Hefe geben. Mit Mehl bestäuben und zugedeckt etwa 30 Minuten gehen lassen. Wenn die Mehldecke reißt, die übrigen Zutaten an den Rand legen und mit der Hand von der Mitte aus vermengen, lauwarme Milch stetig nachgießen. Den fertigen Teig mit beiden Händen auf der Tischplatte gründlich durchkneten, wieder gehen lassen und wieder kräftig durchkneten. Minikerle formen, auf ein gefettetes Backblech legen und mit Rosinen das Gesicht legen. Auf der unteren Schiene bei ca. 170 Grad etwa 20–30 Minuten backen.

Rätsel

Was ist das?
Eine Kugel, dick und prall,
viel, viel kleiner als ein Ball.
Runzelt, schrumpelt,
wird ganz klein,
schmeckt im Kuchen
süß und fein.
(Rosine)

Nikolausstiefel

Ab 5 Jahre

Zutaten: 500 g Vollkornmehl, 250 g Zucker, 125 g Zucker, 2 Eier, 1 Päckchen Lebkuchengewürz, Stiefelschablone, Mandeln, Rosinen, Kürbiskerne zum Verzieren

Zubereitung: Aus den Zutaten einen Knetteig herstellen und ca. 1 Stunde kühl ruhen lassen. Anschließend Teig ausrollen, mehrere Stiefel aus dem Teig schneiden (vorher Pappschablone anfertigen) und mit halben Mandeln, Rosinen, Kürbiskernen verzieren. Ca. 20 Minuten bei etwa 170 Grad backen.

Apfelnikolaus

Ab 5 Jahre

Zutaten: 1 Apfel, 1 Walnuss, 2 Erdnüsse, 1 rote Serviette, rotes Papier, Filzstifte, 3 Zahnstocher, etwas Watte, Klebstoff

Herstellung: In die Walnuss einen Zahnstocher stecken, das andere Ende in die Stielseite des Apfels bohren. Mit dem Filzstift ein Gesicht auf die Walnuss malen und Watte als Bart ankleben. Aus der Serviette einen Umhang für den Nikolaus falten, um den Hals legen und festkleben. Aus dem roten Papier eine spitze Tüte formen und als Hut auf die Walnuss kleben. Für die Arme in jede Erdnuss einen Zahnstocher spießen und seitlich in den Apfel stecken (als Tischdekoration geeignet).

Weitere Info:
www.nikolaus.nl

Advent 2.7

Im christlichen Sinn bezeichnet der Begriff Advent (lateinisch: Ankunft) die vierwöchige Vorbereitungszeit vor Weihnachten, ähnlich der Fastenzeit vor Ostern.
Mittlerweile gehört für viele Menschen weltweit diese vorweihnachtliche Zeit zur beliebtesten Zeit des Jahres. Neben überlieferten, bekannten Bräuchen wie dem Adventskranz, dem Adventskalender und dem Weihnachtsmarkt sind in den verschiedenen Kulturregionen und Lebensgemeinschaften auch neue Rituale entstanden, z. B. der „Klöpfelbrauch" oder das Adventssingen.
Die Zeit des Wartens und der Vorbereitung auf das Weihnachtsfest sollte in der Familie kindgerecht ausgefüllt werden. Eine Wartezeit, die, symbolisiert durch den Adventskalender, ausgefüllt werden kann mit Gesprächen rund um die Weihnachtsgeschichte und das Weihnachtsbrauchtum. In der Stadtbücherei findet man sicher passende und geeignete Bücher, falls die eigenen Antworten auf die wichtigen Fragen der Kinder fehlen. Schön ist es, wenn die Einkaufshektik außen vor bleiben kann, wenn es Eltern mit ihren Kindern gemeinsam gelingt, eine besinnliche Adventszeit miteinander zu verbringen.

Der Besuch eines besonderen Weihnachtsmarktes und das Beschaffen eines passenden Weihnachtsbaumes sind sicherlich für die Kinder aufregende Höhepunke in der Adventszeit. Aber daneben sollte es dann die Tage geben, an denen Märchen und Geschichten erzählt oder vorgelesen und Adventslieder gesungen werden. Die brennenden Kerzen des Adventskranzes und die zuvor hergestellten adventlichen Dekorationen schaffen dabei ebenso eine behagliche Atmosphäre wie der Genuss von Bratapfel und Adventstee. Das Backen eines Pfefferkuchenhauses und anderer Leckereien können zu wichtigen Familienereignissen werden. Auch gemeinsame Spielaktionen mit Nüssen, Lichtern, Guckkasten oder Brettspielen tragen dazu bei, die Wartezeit auf das Weihnachtsfest gemeinsam intensiv und fröhlich wahrzunehmen.

Advent

Es treibt der Wind im Winterwalde
Die Flockenherde wie ein Hirt,
Und manche Tanne ahnt, wie balde
Sie fromm und lichterheilig wird,
Und lauscht hinaus. Den weißen Wegen
Streckt sie die Zweige hin – bereit,
Und wehrt dem Wind und wächst entgegen
Der einen Nacht der Herrlichkeit.
(Rainer Maria Rilke)

Sterntaler und Wichtel

Märchen erzählen

Ab 4 Jahre

Die Sterntaler, Brüder Grimm

Es war einmal ein kleines Mädchen, dem war Vater und Mutter gestorben, und es war so arm, dass es kein Kämmerchen mehr hatte, darin zu wohnen, und kein Bettchen mehr, darin zu schlafen, und endlich gar nichts mehr als die Kleider auf dem Leib und ein Stückchen Brot in der Hand, das ihm ein mitleidiges Herz gegeben hatte. Es war aber gut und fromm. Und weil es so von aller Welt verlassen war, ging es im Vertrauen auf den lieben Gott hinaus ins Feld. Da begegnete ihm ein armer Mann, der sprach: „Ach, gib mir etwas zu essen, ich bin so hungrig." Es reichte ihm das ganze Stückchen Brot und sagte: „Gott segne dir's" und ging weiter. Da kam ein Kind, das jammerte und sprach: „Es friert mich so an meinem Kopfe, schenk mir etwas, womit ich ihn bedecken kann." Da tat es seine Mütze ab und gab sie ihm. Und als es noch eine Weile gegangen war, kam wieder ein Kind und hatte kein Leibchen an und fror. Da gab es ihm seins; und noch weiter, da bat eins um ein Röcklein, das gab es auch von sich hin. Endlich gelangte es in einen Wald, und es war schon dunkel geworden, da kam noch eins und bat um ein Hemdlein, und das fromme Mädchen dachte: „Es ist dunkle Nacht, da sieht dich niemand, du kannst wohl dein Hemd weggeben", und zog das Hemd ab und gab es auch noch hin. Und wie es so stand und gar nichts mehr hatte, fielen auf einmal die Sterne vom Himmel, und waren lauter harte, blanke Taler. Und ob es gleich sein Hemdlein weggegeben, so hatte es ein neues an, und das war vom allerfeinsten Linnen. Da sammelte es sich die Taler hinein und war reich für sein Lebtag.

Das Märchen mit verteilten Rollen nachspielen oder ein Sterntalerbild malen (siehe Seite 130)

Fünf Wichtel backen Kuchen

Ab 3 Jahre

Fünf Wichtel wollten es versuchen,
zu backen einen Weihnachtskuchen.
Der Erste hatte ein Rezept,
der Zweite hatte es verschleppt,
der Dritte holte eins, zwei, drei,
Mehl, Honig, Nüsse und ein Ei.
Der Vierte schrie: „Ich will mal rühren!"
Der Fünfte wollte nur probieren.
Dann haben sie alles aufgegessen.
Und uns vielleicht dabei vergessen?

Den Text sprechen, dazu die Finger zeigen, beginnend mit dem Daumen.

Der Bratapfel (E. und F. Kögel)

Ab 4 Jahre

1. Kinder, kommt und ratet,
was im Ofen bratet!
Hört, wie's knallt und zischt.
Bald wird er aufgetischt,
der Zipfel, der Zapfel,
der Kipfel, der Kapfel,
der gelbrote Apfel.

2. Kinder, lauft schneller,
holt einen Teller,
holt eine Gabel!
Sperrt auf den Schnabel
für den Zipfel, den Zapfel,
den Kipfel, den Kapfel,
den goldbraunen Apfel!

3. Sie pusten und prusten,
sie gucken und schlucken,
sie schnalzen und schmecken,
sie lecken und schlecken
den Zipfel, den Zapfel,
den Kipfel, den Kapfel,
den knusprigen Apfel.

Den Vers zum Bratapfelessen sprechen!
(Das Rezept für Bratäpfel finden Sie auf Seite 123.)

Morgen, Kinder, wird's was geben

Morgen, Kinder, wird's was geben (Text und Melodie überliefert)

Ab 4 Jahre

2. Wie wird dann die Stube glänzen
von der großen Lichterzahl!
Schöner als bei frohen Tänzen
ein geputzter Kronensaal.
Wisst ihr noch, wie voriges Jahr
es am heiligen Abend war?

3. Wisst ihr noch die Spiele, Bücher
und das schöne Hottepferd,
schönste Kleider, woll'ne Tücher,
Puppenstube, Puppenherd?
Morgen strahlt der Kerzen Schein,
morgen werden wir uns freu'n!

4. Welch ein schöner Tag ist morgen!
Neue Freude hoffen wir.
Unsre guten Eltern sorgen
lange, lange schon dafür.
O gewiss, wer sie nicht ehrt,
ist die ganze Lust nicht wert.

Adventsbriefe

Nüsse im Schlafrock

Ab 5 Jahre

Spieler/innen: 2 bis 3

Material:** **einige Erdnüsse, Haselnüsse, Walnüsse, Paranüsse, Mandeln, Pecannüsse, Pistazien, 5 Stoffsäckchen, pro Nusssorte eine Pappkarte (5 x 5 cm), Malstifte

Herstellung/Spielverlauf: Die Nüsse liegen vor den Kindern. Sie werden sehend getastet und verglichen. Anschließend malen sie je eine Nusssorte auf eine Pappkarte. Gleichartige Nüsse werden nun in die Stoffsäckchen gefüllt. Die Säckchen verschließen. Die Karten liegen umgedreht im Kreis, die Nusssäckchen liegen in der Kreismitte. Der erste Spieler nimmt ein Säckchen, befühlt es und dreht eine Karte um. Bilden sie nach seiner Ansicht ein Pärchen, bleibt die Karte offen liegen, sonst wird beides zurückgelegt und der nächste Spieler ist an der Reihe. Fehlentscheidungen können vom ihm berichtigt werden. Das Spiel ist beendet, wenn alle Nusssäckchen den Karten richtig zugeordnet sind.

Später können die Kinder die Nüsse knacken, die Nusskerne genau betrachten und probieren.

Adventsguckkasten

Ab 4 Jahre

Material:** **Karton mit Deckel, weißes oder blaues Transparentpapier, Seidenpapier, Buntpapier, Schere, Cutmesser, Klebstoff, Körbe, die gefüllt sind mit Tannenzweigen, Zapfen, Blättern, Steinen, Moos, kleinen Ästen, Rinde, Wolle, Watte, glänzendes Papier u.a.m.

Herstellung: Zunächst den Guckkasten herstellen: In den Deckel (Erwachsener mit dem Cutmesser) eine Öffnung bis zum Rand schneiden und den Rahmen von innen mit Transparentpapier bekleben (gibt einen besonderen Lichteffekt). In die vier Seitenwände verschiedene Gucklöcher oder Sehschlitze schneiden. Den Guckkasten innen mit Seidenpapier auslegen, außen mit Buntpapier bekleben. Die innere Gestaltung (Figuren, Höhlen, Wege o. Ä.) erfolgt nun mit den Dingen aus den bereitstehenden Materialkörben. Täglich oder wöchentlich wird das Material erweitert und ergänzt. Am Ende der Adventszeit ist die Szenerie fertiggestellt.

Variante: Eine Winter-Landschaft entwerfen.

Advents-Strahlenstern

Ab 6 Jahre

Material:** **Seiden- oder Transparentpapier, Bleistift, Lineal, Schere, Klebstoff, transparente Klebestreifen

Herstellung: Mit Bleistift und Lineal 8 Streifen (4 cm breit, 10 cm lang) auf Seiden- oder Transparentpapier zeichnen und ausschneiden. Den ersten Streifen der Länge nach zur Hälfte falten, wieder öffnen und alle 4 Ecken zur Mittellinie falten (1). Auf einer Seite die beiden Spitzen noch einmal zur Mittellinie falten (2), diese Faltung noch einmal wiederholen (3) und der erste Strahl ist fertig. Auf die gleiche Weise weitere 7 Strahlen herstellen. Sind alle Strahlen fertig, werden sie mit ihren breiten Spitzen im Uhrzeigersinn aneinandergeklebt. Mit transparenten Klebestreifen am Fenster befestigen.

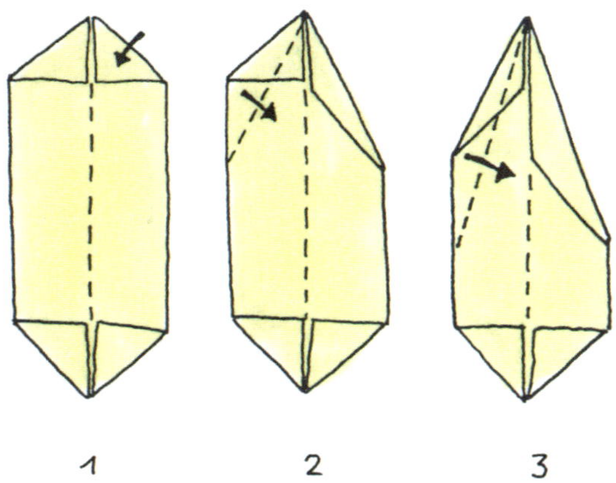

Adventsbriefe

Ab 5 Jahre

***Material:* Falt-(Origami-)Papier in 4 Farben (4 mal 6 Stück, großes Format), 24 Goldklebesternchen, 24 schwarze Tonpapierquadrate (kleiner als der Briefumschlag) und farbiges Transparentpapier, Schleifenband, Klebstoff, Scheren, goldfarbener Schreibstift**

Herstellung der Briefumschläge: Aus Origami-Papier die Briefumschläge falten (siehe Skizze) und an einer Ecke lochen. Aus Tonpapier und Transparentpapier 24 Faltsterne herstellen. Die Sterne in die Umschläge legen, zuklappen und mit einem Klebesternchen verschließen. Die Adventsbriefe farblich sortiert mit Hilfe des Schleifenbandes nebeneinander aufhängen und mit dem Goldstift nummerieren. Täglich ein Briefchen öffnen und den Stern ans Fenster kleben. (Die Briefchen nehmen ab – die Sterne zu.)

Herstellung der Faltsterne:
(siehe Seite 54, Schneekristalle)

1. Papierquadrat zum Dreieck falten.
2. 2x wiederholen (wichtig: Bruchkanten aufeinanderlegen).
3. Aus der offenen Seite ein Dreieck ausschneiden.
4. In die Seiten mit Bruchkante kleine Muster schneiden.
5. Dreiecke vorsichtig öffnen.
6. Stern auf Transparentpapier kleben, ausschneiden.

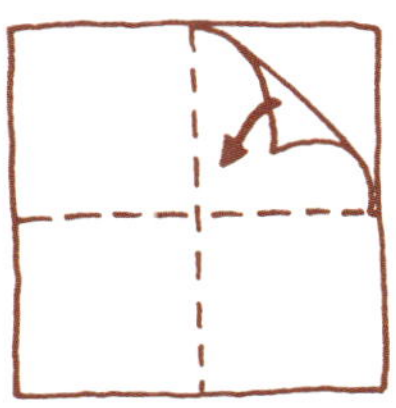

Reise zur Weihnachtsbaumspitze

Ab 4 Jahre

***Herstellung des Spielplans:* grüner Fotokarton (1 Bogen), Goldkordel, ca. 60 weiße Klebepunkte, 4 rote, 4 blaue, 4 gelbe Tonpapierkreise (Durchmesser ca. 3 cm), Klebstoff, Schere**

Den Umriss einer Tanne auf die Fläche des Tonkartons zeichnen, die Kordel auf die Linie legen und festkleben. Mit den Klebepunkten vom Stamm aufwärts bis zur Baumspitze eine Linie über die gesamte Baumfläche bilden, dazwischen die Tonpapierkreise (Kugeln) verteilen und festkleben. Nach dieser Grundgestaltung kann der Spielplan weiter festlich ausgeschmückt werden.

***Spieler/innen:* 2 bis 4**

***Material für das Spiel:* Spielplan, Punktewürfel und Spielfiguren von einem anderen Brettspiel**

Die Spieler würfeln abwechselnd und rücken entsprechend der gewürfelten Punktzahl auf der Punktestraße weiter vor. Landen die Spielfiguren auf einer Kugel, gilt:

Rot	Du darfst einen Punkt weitergehen.
Blau	Du musst einen Punkt zurückgehen.
Gelb	Du musst eine Runde aussetzen.

Die Spielregeln können je nach Ausdauer und Interesse der Spieler verändert werden.

Sternentanz

Sternentanz

Ab 6 Jahre

Jeden Abend leuchten am	*Alle Mitspieler sitzen in der Hocke am Boden.*
Himmel viele tausend Sterne auf.	*Sie stehen langsam auf.*
Rund sind sie.	*Sie formen mit den Händen einen Kreis.*
Sie ziehen ihre Bahn.	*Sie drehen sich im Kreis.*
Sie leuchten und verteilen	*Sie halten ihre Arme hoch.*
ihre Strahlen.	*Sie breiten ihre Arme aus.*
Sie sehen immer wieder:	*Sie erfinden verschiedene Sternenformen.*
Schön sind sie, die Sterne in dunkler Nacht.	
Manchmal verdecken Wolken die Sterne..	*Alle setzen sich wieder in die Hocke –*
Dann sieht man sie nicht.	*bleiben etwas in der Ruhestellung.*
Wenn der Wind die Wolken fortbläst,	
kann man sie wieder sehen.	*Alle erheben sich wieder.*
Kleine und große Sterne gibt es.	*Zwei oder drei Kinder bilden zusammen*
Ohne zu ruhen,	*einen Stern und drehen sich im Kreis.*
ziehen sie am Himmel ihre Bahn.	
In einer Nacht erscheint am Himmel	
ein ganz großer, leuchtender Stern,	*Alle Kinder bilden zusammen einen Stern.*
wie eine Blume,	
wie eine Sonne leuchtet er auf.	*Sie gehen im Kreis.*
Die Menschen blicken zum Himmel auf	*Sie halten die Hände hoch.*
und fragen: Was bedeutet dieser Stern?	
Der Stern verkündet eine Botschaft..	*Alle zeigen auf den Stern.*
Der Stern ist ein Zeichen.	
Er verkündet uns: Jesus ist geboren.	

Ein Kind oder mehrere oder ein Erwachsener übernehmen die Sprecherrolle.

- Alle anderen spielen den Sternentanz.
- Gemeinsam Faltsterne basteln (siehe Seite 121).
- Das Lied „Stern über Bethlehem" singen.
- Mit den Kindern den Sternenhimmel in der Adventszeit betrachten.

Bratäpfel und Adventstee

Adventssterne

Ab 3 Jahre

***Zutaten:** 500 g Mehl, 250 g Butter, 125 g Zucker, 125 gemahlene Nüsse, 2 Eier, 1 Päckchen Spekulatiusgewürz, Mandelblätter zum Verzieren*

Zubereitung: Aus den Zutaten (Mehl, Butter, Zucker, Eier, Gewürz, evtl. gemahlene Nüsse) einen Knetteig herstellen. Den Teig 2 Stunden kühl stellen. In der Zwischenzeit zwei Backbleche mit Backpapier belegen. Den Teig ca. ½ cm dick ausrollen und Sterne oder andere Figuren ausstechen. Die Sterne anschließend mit den Mandelblättern verzieren und auf das Backblech legen. Bei ca. 180 Grad etwa 15–20 Minuten backen.

Die Kekse können auch mit anderen Nüssen, Rosinen, Sonnenblumen- oder Kürbiskernen vor dem Backen, mit Schoko- oder Zuckerguss nach dem Backen dekoriert werden.

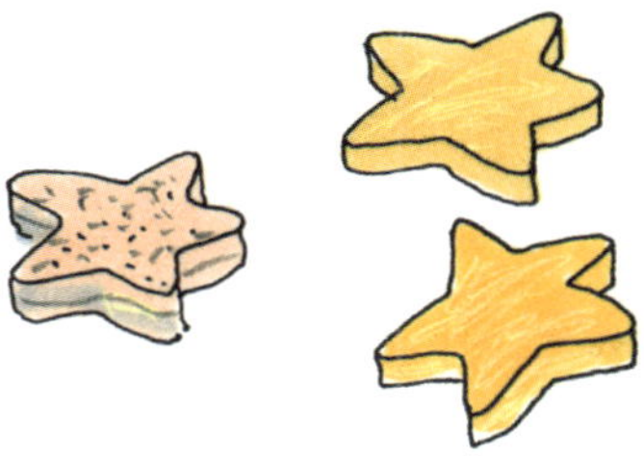

Adventsriegel

Ab 3 Jahre

***Zutaten:** 150 g Zucker, 100 g Honig, 50 g Butter, 1 Teelöffel Zitronensaft, 1 Teelöffel Spekulatiusgewürz, 30 g Kokosraspel, 100 g Mandelblätter, 100 g gehackte Nüsse, 100 g Haferflakes, 200 g Haferflocken*

Zubereitung: Zucker und Honig in einem Topf erhitzen und unter ständigem Rühren karamellisieren. Die übrigen Zutaten hinzugeben und vermengen. So lange rühren, bis die Masse dunkel wird. Die Masse sofort auf ein mit Backpapier belegtes Backblech streichen und nach dem Erkalten in Rechtecke schneiden.

Bratäpfel

Ab 5 Jahre

***Zutaten:** 4 Äpfel, 2 Esslöffel gehackte Mandeln, 2 Esslöffel Rosinen, 4 Teelöffel Honig, ½ Teelöffel Zimt, etwas Butter*

Zubereitung: Den Backofen auf 180 bis 200 Grad vorheizen. Die Äpfel waschen und das Kerngehäuse ausstechen. Die Äpfel in eine mit Butter bestrichene Auflaufform stellen. Mandeln mit den Rosinen, dem Zimt und dem Honig vermischen und diese Mischung in die Äpfel füllen. Auf jeden Apfel ein Stückchen Butter legen und in den Ofen schieben und etwa 25–30 Minuten braten. Heiß servieren. Dazu passt sehr gut eine heiße Vanillesauce.

Adventstee

Ab 3 Jahre

***Zutaten:** 1 Filterbeutel Rotbuschtee, 1 Liter Apfelsaft, 1 Zimtstange, 1 Gewürznelke, 1 Zitrone, 2 Orangen*

Zubereitung: Den Apfelsaft mit der Zimtstange und Gewürznelke erhitzen (nicht kochen). Rotbuschtee und den ausgepressten Zitronen-/Orangensaft hinzufügen, kurz ziehen lassen. Anschließend Zimtstange, Gewürznelke und Teebeutel entfernen und noch warm servieren.

Weihnachten 2.8

Am 25. Dezember feiern die Christen auf der ganzen Welt das Weihnachtsfest, die Geburt von Jesus Christus in Bethlehem, wie sie im Matthäus- und Lukas-Evangelium beschrieben wird. Ob und wie Eltern die biblische Weihnachtsgeschichte und die theologischen Inhalte der Weihnachtsbotschaft mit ihren Kindern behandeln, ist abhängig vom geistigen Entwicklungsstand der Kinder. Um die Vorfreude der Kinder auf das Weihnachtsfest nicht zu mindern, sollte das Geheimnisvolle erhalten bleiben. Der Brauch, Geschenke von der Figur des Christkinds bringen zu lassen, geht auf Martin Luther zurück.

Nach wie vor ist Weihnachten ein traditionelles Familienfest mit eigenen Ritualen. Höhepunkte des Weihnachtsbrauchs in vielen Familien sind das Aufstellen der Krippe, das Schmücken des Weihnachtsbaums und sicher die Bescherung, das Verteilen der Weihnachtsgeschenke.

Zu den weihnachtlichen Symbolen gehören besonders Tannenbaum und Tannengrün, Kerzen, Sterne, Äpfel und Lebkuchen. Aus verschiedenen Materialien und mit unterschiedlichen Techniken hergestellt, werden sie zu Weihnachtsbaumschmuck, stimmungsvollen Tischdekorationen oder zu kleinen Weihnachtsgeschenken gestaltet. Auch die jüngeren Kinder beteiligen sich dabei schon gerne beim Gestalten z. B. von Weihnachtsgrußkarten, und die Zubereitung des Weihnachtsgebäcks schließlich ermöglicht typisch weihnachtliche Geschmackserlebnisse. Das gemeinsame Sprechen weihnachtlicher Gedichte und das Singen der Weihnachtslieder bei Kerzenlicht trägt schließlich dazu bei, die Wartezeit bis zur Bescherung auf angenehme und gemütliche Weise zu verbringen.

Damit durch die Hetze der Festtagsvorbereitungen die erhoffte harmonische Familienatmosphäre an den Festtagen nicht verloren geht, sollten Ruheinseln geplant werden, in denen jeder Gelegenheit hat, seinen Bedürfnissen nachzugehen, aber auch Zeit, in der gemeinsam gespielt, gesungen und erzählt wird. Und nach einem ausgedehnten Weihnachtsspaziergang schmecken die weihnachtlichen Leckereien dann noch mal so gut.

Miteinander Weihnachten zu feiern kann heißen: Sich und anderen eine Freude zu bereiten.

Wenn Weihnachten ist

Wenn Weihnachten ist,
was schenkst du mir dann?
Einen Weihnachtsbaum, einen Hampelmann,
ein wildes Pferd, das ich reiten kann,
und einen großen Wagen?
Wenn Weihnachten ist,
dann schenke ich dir
ein Weiß-nicht-was aus Goldpapier!
Du sollst nicht so viel fragen.
(Ursula Wölfel)

Tannengeflüster

Tannengeflüster (James Krüss)

Ab 5 Jahre

Wenn die ersten Fröste knistern,
In dem Wald bei Bayrisch-Moos,
Geht ein Wispern und ein Flüstern
In den Tannenbäumen los,
Ein Gekicher und Gesumm
Ringsherum.

Eine Tanne lernt Gedichte,
Eine Lärche hört ihr zu.
Eine dicke, alte Fichte
Sagt verdrießlich: „Gebt doch Ruh!
Kerzenlicht und Weihnachtszeit
Sind noch weit!"

Vierundzwanzig lange Tage
Wird gekräuselt und gestutzt
Und das Wäldchen ohne Frage
Wunderhübsch herausgeputzt.
Wer noch fragt: „Wieso? Warum?!
Der ist dumm.

Was das Flüstern hier bedeutet,
Weiß man selbst im Spatzennest:
Jeder Tannenbaum bereitet
Sich nun vor aufs Weihnachtsfest,
Denn ein Weihnachtsbaum zu sein:
Das ist fein!

Im Anschluss an das Gedicht Scherenschnitt-Tannen basteln, Anleitung siehe Seite 130.

Rätsel

Was ist grün im Sommer und im Winter,
was erfreut zur Weihnachtszeit die Kinder?
(Tanne)

Fingerspiel

Ab 3 Jahre

Fünf Kinder sind zum Förster gelaufen,
um einen Weihnachtsbaum zu kaufen.
Das erste sucht das Bäumchen aus,
das zweite trägt es stolz nach Haus,
das dritte stellt zu Haus es auf,
das vierte hängt den Schmuck darauf,
das fünfte steckt die Kerzen an,
nun Christkind, komm und sieh es an.

Mit den Fingern über den Tisch krabbeln, beginnend mit dem Daumen nacheinander die einzelnen Finger zeigen.

Engel kochen Brei

Ab 3 Jahre

Die Engel kommen heut vorbei!
Sie wollen kochen einen Brei!
Der Topf, der ist schon hier,
den Löffel holen wir.
Die Milch nun in das Töpfchen –
verschüttet nur kein Tröpfchen!
Das Feuer lasst uns schüren
und schnell die Milch umrühren.
Gleich kocht sie uns schon über,
drum zieht das Töpfchen rüber.
Den Zucker tut hinein
und rührt den Grieß nun ein.
Rosinen für die Schlecker,
wie schmeckt der Brei so lecker!

Zu dem gesprochenen Text passende gestische und mimische Bewegungen durchführen.

Oh Tannenbaum (Text: J.A. Zamach, Melodie: Ernst Anschütz)

Ab 5 Jahre

1. Tanne: Wir stehen hier im Wald schon etliche Jahr
mit Spinnweben, Tau oder Schnee im Haar.
2. Tanne: Der Förster ließ pflanzen uns alle in Reih'n,
wir werden stattliche Tannen bald sein.
3. Tanne: Wir bergen die Füchse, den Marder, das Reh,
das Eichhörnchen tut unseren Knospen weh.
4. Tanne: Wenn abends der Wind durch die Wipfel zieht
dann singen und tanzen wir alle ein Lied.
5. Tanne: Nur wir Nadelbäume sind jetzt noch grün,
obwohl am Fenster die Eisblumen blüh'n.
6. Tanne: Drum kommt zu uns auch der Nikolaus
und sucht zur Weihnacht die Christbäume aus.
7. Tanne: Zu Haufen verladen, zerdrückt und platt,
so wandert der Weihnachtswald in die Stadt.
8. Tanne: Gerüttelt, geschüttelt, dann prächtig geschmückt,
zur Weihnacht die Tanne den Menschen entzückt.
Alle: Ein jedes Kind aber, das uns sieht,
singt voller Freude das alte Lied.

2. Oh Tannenbaum, oh Tannenbaum,
du kannst mir sehr gefallen!
Wie oft hat nicht zur Weihnachtszeit,
ein Baum von dir mich hoch erfreut.
Oh Tannenbaum, oh Tannenbaum,
du kannst mir sehr gefallen!

3. Oh Tannenbaum, oh Tannenbaum,
dein Kleid will mich was lehren:
Die Hoffnung und Beständigkeit
gibt Trost und Kraft zu jeder Zeit.
Oh Tannenbaum, oh Tannenbaum,
dein Kleid will mich was lehren.

Die Geschichte vom Tannenbaum als kleines Szenenspiel, mit entsprechenden Requisiten vorführen.

Es tönen die Lieder

Weihnacht kehrt wieder (Text: überliefert, Melodie: Es tönen die Lieder)

Ab 3 Jahre

Im Spielkreis machen alle das Gleiche, passend zum Text: Hände trichterförmig an den Mund legen, in die Hände klatschen, Hände mit zappelnden Fingern auf und ab bewegen, Oberkörper mit schwingenden Armen hin und her wiegen, eine Hand an ein Ohr legen, in die Hände klatschen und um sich selbst drehen.

Leise rieselt der Schnee (Text und Melodie überliefert)

Ab 3 Jahre

2. In den Herzen wird's warm,
still schweigt Kummer und Harm,
Sorge des Lebens verhallt,
freue dich, s'Christkind kommt bald.

3. Bald ist heilige Nacht,
Chor der Engel erwacht,
hört nur, wie lieblich es schallt:
Freue dich, s'Christkind kommt bald!

4. 's Kindlein, göttlich und arm,
macht die Herzen so warm,
strahle, du Stern überm Wald,
freue dich, 's Christkind kommt bald!

Mit hellen Wachsmalstiften auf dunkelblaues Tonpapier ein Weihnachtsschneebild malen

Fröhliche Weihnacht, überall

(Text: Heinrich H. von Fallersleben, Melodie: aus England)

Ab 3 Jahre

2. Fröhliche Weihnacht überall,
tönet durch die Lüfte froher Schall.
Weihnachtston, Weihnachtsbaum,
Weihnachtsduft in jedem Raum!
Fröhliche Weihnacht überall,
tönet durch die Lüfte froher Schall.
Licht auf dunklem Wege, unser Licht bist du;
denn du führst, die dir vertrau'n,
ein zu seliger Ruh.

3. Fröhliche Weihnacht überall,
tönet durch die Lüfte froher Schall.
Weihnachtston, Weihnachtsbaum,
Weihnachtsduft in jedem Raum!
Fröhliche Weihnacht überall,
tönet durch die Lüfte froher Schall.
Was wir andern taten, sei getan für dich,
dass bekennen jeder muss,
Christkind kam für mich.

Sterntalerbild und Scherenschnitt-Tanne

Bienenwachskerze

Ab 4 Jahre

***Material:** Bienenwachsplatten vom Imker, Dochtmaterial aus dem Bastelladen, Messer und Schneideunterlage, leerer Teelichtbehälter*

Herstellung: Die rechteckige Bienenwachsplatte in der Mitte teilen. Den Docht an die Schmalseite (3 cm länger als die Plattenseite) legen und sorgfältig, aber fest die Platte einrollen. Wenn die Kerze dicker sein soll, die zweite Plattenhälfte vorsichtig anlegen und weiterrollen.

Variation: Die Rechtecke auch diagonal teilen. Dann wird der Docht an die längste Seite gelegt und eingerollt. Als Kerzenhalter dient ein Teelichtbehälter.

Sterntalerbild

Ab 3 Jahre

***Material:** farbige Wachsmalstifte, schwarze Wachsmalstifte, festes Malpapier, Metallschaber oder Metallschraube*

Herstellung: Das Malpapier mit der farbigen Wachskreide kräftig ausmalen. Anschließend mit dem schwarzen Wachsmalstift die Farbfläche übermalen. Mit einem Schaber oder einer Schraube ein Motiv in die schwarze Fläche einritzen, z. B. Sterntaler.

Scherenschnitt-Tanne

Ab 5 Jahre

***Material:** unterschiedlich große Rechtechtecke aus verschieden festen Papiersorten, Schere*

Herstellung: Zwei Rechtecke zur Hälfte falten, Dreiecke ausschneiden, ein Dreieck oben von der Spitze her einschneiden und das zweite Dreieck von unten auf der Faltlinie. Beide Dreiecke ineinanderstecken. Die stilisierte Tanne bemalen.

Für Geübte: Drei Rechtecke aneinanderkleben (siehe Skizze), den Stamm und Zweige mit der Schere schneiden.

Weihnachtsgrußkarte

Ab 3 Jahre

***Material:** farbiges Tonpapier (Format: DIN A5), Prickelnadel, Filzunterlage, Malstifte, Briefumschlag*

Herstellung: Das Tonpapier zu einem Buch falten (schmale Seiten aufeinanderlegen), auf eine Seite weihnachtliche Motive malen (z. B. Stern, Tanne) und anschließend ausprickeln. Das Motiv auf der durchscheinenden Seite ausmalen. Ältere Kinder schreiben auf die Karte den Weihnachtsgruß und ihren Namen, jüngere Kinder malen symbolisch ihren Namen. Das ausgeprickelte Motiv auf den Briefumschlag kleben.

Das Motiv über die Faltkante hinaus aufmalen, später nur diesen Teil ausprickeln und z. B. als Tischkarte beschriften/bemalen.

Weihnachtsbaumschmuck aus Salzteig

Ab 3 Jahre

***Material:* 2 Tassen Mehl, 1 Tasse Salz, 1 Tasse Wasser, 1 Esslöffel Tapetenkleister (schon im Wasser gelöst), Backförmchen, Holzspieß, Kordelband**

Herstellung: Alle Zutaten mit dem Handmixer kurz durchkneten, dann mit der Hand bearbeiten (der Tapetenkleister macht den Teig geschmeidig). Den Teig ausrollen und mit Backförmchen Motive ausstechen, mit dem Holzspieß Aufhängelöcher anbringen. Nach dem Trocknen die Teile mit Fingerfarbe (Pinsel) anmalen, das Kordelband anknoten und den Schmuck an den Weihnachtsbaum hängen.

Kantensitzer-Engel

Ab 5 Jahre

***Material:* farbiges Tonpapier, Schere, Malstifte**

Herstellung: Die Konturen des Engels (siehe Skizze) in gewünschter Größe auf Tonpapier übertragen, ausschneiden. Mit Malstiften ausmalen und/oder nach eigener Vorstellung mit anderen Materialien (z. B. Glitzer, Wolle usw.) bekleben.
Den Engel an den gestrichelten Linien falten – nun kann er auf der Tischkante oder auf der Fensterbank Platz nehmen.

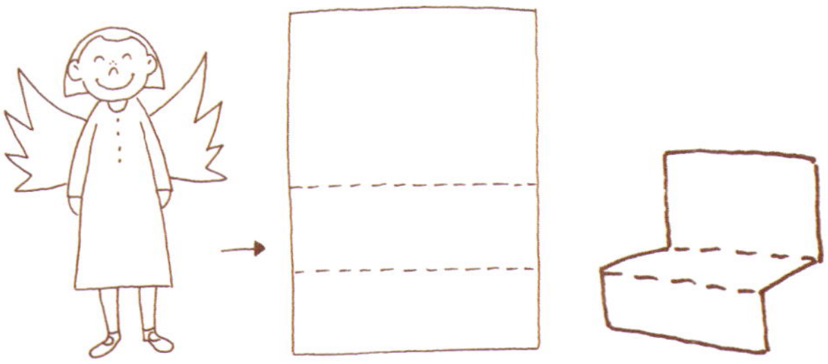

Weihnachtsmalbuch

Ab 3 Jahre

***Material:* Pro Malbuch 1 Blatt einfaches Schreibpapier (DIN A4), Malstifte, Schere**

Herstellung:

- Lange Seiten aufeinanderlegen und die Bruchkante glatt streifen, öffnen;
- schmale Seiten aufeinanderlegen und die Bruchkante glatt streifen, öffnen;
- erste schmale Seite bis zu Mittellinie falten, öffnen;
- zweite schmale Seite bis zur Mittellinie falten, öffnen;
- beide schmale Seiten aufeinanderlegen und von der Bruchkante aus bis zur nächsten Faltlinie einschneiden (3) auffalten;
- die langen Seiten aufeinanderlegen, aufstellen, die doppelt gelegten schmalen Seiten greifen und zueinanderführen und vorsichtig zusammendrücken;
- die (doppelten) 8 Buchseiten nun mit weihnachtlichen Motiven (z. B. Kerze) bemalen oder beschriften (z. B. Rezept für Weihnachtskekse).

Auf ins Weihnachtsland!

Wir fliegen heut ins Weihnachtsland (Text: die Autorinnen, Melodie: volkstümlich)

Ab 3 Jahre

2. Vors.: Ich schleiche heut ins Weihnachtsland ...
   Alle: Wir schleichen heut ins Weihnachtsland ...
   Vors.: Ich hör Knecht Ruprecht, wie er poltert.
   Alle: Wir hör'n Knecht Ruprecht, wie er poltert.
   Bum, bum, bum, bum ...

3. Vors.: Ich stampfe heut ins Weihnachtsland ...
   Alle: Wir stampfen heut ins Weihnachtsland ...
   Vors.: Ich treff' den Weihnachtsmann, mit dem schweren Sack.
   Alle: Wir treffen den Weihnachtsmann, mit dem schweren Sack.
   Ach, ach, ach, ach ...

4. Vors.: Ich hüpfe heut ins Weihnachtsland ...
   Alle: Wir hüpfen heut ins Weihnachtsland ...
   Vors.: Da sitzt das Christkind, auf einer Wolke.
   Alle: Da sitzt das Christkind, auf einer Wolke.
   Hallo, hallo, hallo, hallo ...

5. Vors.: Jetzt fliege ich nach Hause, seid ihr auch alle da?
   Alle: Jetzt fliegen wir nach Hause, ja wir sind alle da.
   Vors.: Ich warte aufs Weihnachtsfest.
   Alle: Wir warten aufs Weihnachtsfest.
   Wir singen alle la la la ...

Nach der Melodie von „Ich bin ein Musikante" den Text im Wechselsang singen und passende pantomimische Gesten und Bewegungen durchführen. Weitere Strophen erfinden.

Weihnachtskugeln und Zimtsterne

Weihnachtskugeln

Ab 4 Jahre

***Zutaten:** 200 g Haferflocken, 100 g Kokosflocken, 100 g geraspelte Haselnüsse, 50 g gehackte Walnüsse, 100 g gehackte Mandeln, 2 Esslöffel gehackte Pistazien, 2 Esslöffel Mohn, 3 Esslöffel Rosinen, 200 g Honig (je nach Geschmack auch mehr), 300 ml Vollmilch*

Zubereitung: Die Milch erwärmen, in eine Schüssel gießen, alle Zutaten nacheinander dazugeben und gut verrühren. Falls der Teig zu zäh wird, noch etwas Milch hinzufügen. Die Masse eine halbe Stunde quellen lassen. Danach aus dem Teig kleine Kugeln formen, auf ein gefettetes oder mit Backpapier belegtes Blech legen und 20 Minuten bei 220 Grad im Backofen goldbraun backen.

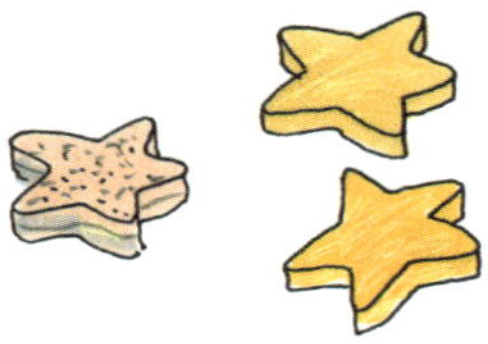

Zimtsterne

Ab 5 Jahre

***Zutaten:** 3 Eiweiß, 250 g Puderzucker, 1 Teelöffel Zimt, ca. 350 g gemahlene Mandeln*

Zubereitung: Eiweiß steif schlagen, während des Schlagens den Puderzucker langsam einrieseln lassen, 3 Esslöffel Eischnee beiseite stellen für spätere Glasur. Zimt mit den gemahlenen Mandeln mischen, Gemisch unter den Eischnee rühren, bis der Teig nicht mehr klebt. Teig halbieren, in 2 große Gefrierbeutel geben und ca.1 Stunde im Kühlschrank kühlen. Teig im Beutel ausrollen, Beutel aufschneiden und Sterne ausstechen (Ausstechförmchen vorher in Mehl drücken, damit der Teig nicht kleben bleibt). Sterne auf ein Backblech (mit Backpapier) legen und mit Eischnee glasieren. Im vorgeheizten Backofen bei ca. 125 Grad etwa 15 Minuten backen, Temperatur auf 80 Grad zurückstellen und 20 Minuten weiterbacken.

Weihnachtswunschpunsch

Ab 5 Jahre

***Zutaten:** 1 Liter Wasser, 3 Beutel Apfeltee (Fertigmischung), 1 Teelöffel Süßholz, 1 Apfel, 1 Orange, evtl. Honig zum Süßen*

Zubereitung: Apfeltee und Süßholz mit sehr heißem Wasser übergießen, 10 Minuten ziehen lassen. Apfel und Orange schälen, in kleine Stücke schneiden und in den warmen Punsch geben.

Hexenhäuschen

Ab 5 Jahre

***Zutaten für 1 Häuschen:** 2 Spekulatius, 1 Dominostein, 2 Gummibärchen, 1 bis 2 Esslöffel Puderzucker, 1 Bierdeckel in Alufolie verpackt, Schokolinsen*

Zubereitung: Puderzucker mit etwas Wasser zu einem dicklichen Guss verrühren, Dominostein (Haus) mit Zuckerguss auf die Mitte des Bierdeckels kleben, Spekulatius als „Spitzdach" über den Dominostein kleben. Gummibärchen vor das Dach kleben und halbierte Schokolinsen als Zaun auf dem Bierdeckelrand mit Guss befestigen. Restlichen Guss eventuell als Schnee auf dem Hexenhäuschen verteilen.

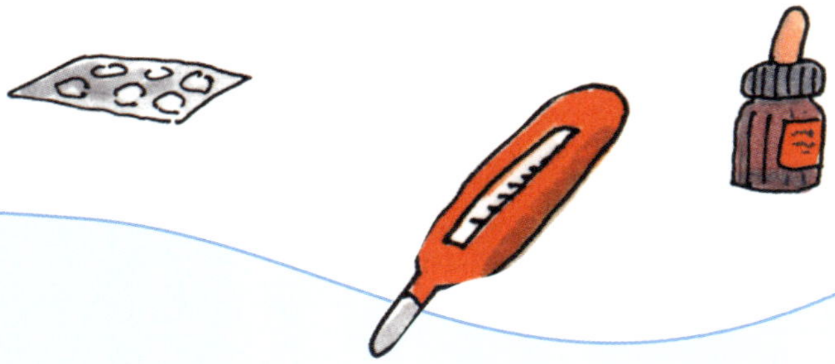

Krankentage

3

Je jünger das Kind ist, desto schwieriger ist die Betreuung am Krankenbett. Das Kind begreift noch nicht, was da eigentlich in ihm vorgeht: Es ist zu krank, um aufzustehen, braucht aber die Nähe eines vertrauten Erwachsenen.
Damit das Kind sich nicht allein gelassen fühlt, ist es sinnvoll, ein Krankenlager auch auf der Couch im Wohnzimmer oder im Bett des elterlichen Schlafzimmers einzurichten.
Für den Genesungsprozess des Kindes ist Spielen die beste Therapie. Es hilft gegen Langeweile und lenkt vom Schmerz ab. Kinder, die Lust haben, etwas zu tun, sind auf dem Wege der Besserung.

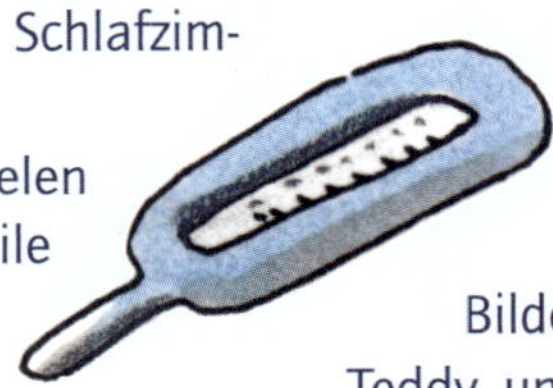

Mit Hilfe eines Tabletts, Bügelbretts, einer Fußbank oder bunt beklebten Orangenkisten kann das Kind direkt auf seinem Krankenlager spielen und basteln.
Beim Basten und Gestalten sollte darauf geachtet werden, dass die Herstellung einfach ist und mit wenig Aufwand und kurzer Dauer zum Ergebnis führt, da junge Patienten sehr rasch ermüden. Zweckmäßig ist es dabei, die Bettwäsche mit einem aufgeschnittenen Müllsack abzudecken.
Bei ansteckenden Krankheiten sollte abwaschbares Spielzeug verwendet werden oder Spielzeug aus kostenlosem Material, das nach Gebrauch weggeworfen werden kann.

Alle Spiele und Beschäftigungen richten sich selbstverständlich nach dem Gesundheitszustand, dem Alter und Entwicklungsstand des Kindes. Niemals sollte das kranke Kind zum Spielen gezwungen werden.
Kranke Kinder leiden häufig unter Appetitlosigkeit. Da für sie aber z. B. Vitamine sehr wichtig sind, können sie durch lustige „Löffelspiele" oder bunt gestaltete Mahlzeiten zum Essen angeregt werden.
Steht einem Kind ein Krankenhausaufenthalt bevor, sollte es von der Bezugsperson z. B. durch gemeinsames Anschauen von Bilderbüchern oder Rollenspiele mit Puppe oder Teddy und entsprechenden Requisiten darauf vorbereitet werden. Die Ängste bestehen nicht nur vor der Krankheit und dem fremden Aufenthaltsort, sondern auch vor der ungewohnten Trennung der Familie.

Trostvers

Wo tut's weh?
Hol ein bisschen Schnee.
Hol ein bisschen kühlen Wind,
dann vergeht es ganz geschwind.

Wo tut's weh?
Trink ein Schlückchen Tee.
Iss ein Löffel Haferbrei.
Morgen ist es längst vorbei.

Bettkantentheater

Im Krankenhaus

Ab 3 Jahre

Das ist der Doktor, lieb und nett,
das ist der/die ..., er/sie liegt still im Bett.
Das ist die Dorothé,
sie trinkt immer Fencheltee.
Das ist der Peter,
er hält das Thermometer.
Und das ist der Kleine mit seinem Kuschelhund,
der ist in drei Tagen schon wieder gesund.

Die fünf Finger erzählen die Geschichte. An der entsprechenden Stelle den Namen des kranken Kindes einsetzen.

Der Elefant hat Schnupfen
(Text: Autorinnen)

Ab 3 Jahre

Material: Elefanten-Fingerpuppe aus Tonpapier (siehe Skizze)

Der Elefant hat Schnupfen,
sein Rüssel läuft, ist rot und wund,
der Elefant hat Schnupfen,
er fühlt sich schlapp und nicht gesund.

Der Elefant hat Schnupfen,
er säuft und säuft Kamillentee.
Nun hat er keinen Schnupfen mehr,
es tut ihm nichts mehr weh.

Aus Tonpapier eine Elefantenfigur ausschneiden, in die Mitte des Körpers ein Loch für den Zeige- oder Mittelfinger ausstechen. Mit der Elefanten-Fingerpuppe den Vers spielen und sprechen.

fünfter sein (Ernst Jandl)

Ab 4 Jahre

Material: 1 Schuhkarton mit Deckel, 5 Spielzeugfiguren oder aus Tonkarton geschnittene Figuren, die kleine Blessuren aufweisen, kenntlich gemacht z. B. durch Heftpflaster, 1 Arztfigur, Schere, Klebestift, Malstifte

tür auf
einer raus
einer rein
vierter sein
tür auf
einer raus
einer rein
dritter sein
tür auf
einer raus
einer rein
zweiter sein
tür auf
einer raus
einer rein
nächster sein
tür auf
einer raus
selber rein
tagherrdoktor

Das Gedicht von Ernst Jandl kann als Kartontheater nachgespielt werden (in Anlehnung an das Bilderbuch „fünfter sein" von Ernst Jandl und Normann Junge, erschienen bei Beltz & Gelberg). Dabei dient der Schuhkarton als Wartezimmer. Der Deckel wird halbiert, eine Tür hineingeschnitten und mittig in den Karton geklebt, sodass zwei Räume entstehen. Aus der anderen Deckelhälfte werden 5 Streifen (4 mal 16 cm) geschnitten, 3-mal geknickt und als Stühle an eine Kartonwand geklebt. Nun kann das Theaterspiel beginnen.

Das kranke Krokodil

Streichelreim

Heile, heile Händchen (o. entsprechendes Körperteil),
's wird alles wieder gut.
Das Spätzchen hält ein Schwätzchen,
's wird alles wieder gut.
Heile, heile Mausespeck,
in hundert Jahr'n ist alles weg.

Ab 4 Jahre

Material:* *Evtl. Krokodilhandpuppe

Ich hab ein Krokodil geseh'n,	
das kann – o Wunder – aufrecht geh'n.	
Es läuft herum, ist gar nicht faul	*Mund auf- und zuklappen.*
und öffnet gern sein Maul.	*Zunge kurz durch die Lippen strecken.*
Morgens kommt es kaum heraus.	
Dann gähnt es und sieht furchtbar aus.	*Gähnen.*
Am Tag flitzt es im Dauerlauf	*Mit der Zunge Lippen umfahren.*
und macht sein Maul oft auf.	*Mund auf- und zuklappen.*
Doch heut liegt es – was geht hier ab –	
am Boden und ist ganz schön schlapp.	*Zunge liegt flach im Mund.*
Es wälzt sich hin und wieder her.	*Zunge in die linke und rechte Backe.*
Das Atmen fällt ihm wirklich schwer.	*Tief mit geschlossenem Mund atmen.*
Es fängt auch noch zu weinen an,	*Weinen.*
was so ein Krokodil auch kann.	
Es trinkt die Medizin und zuckt	*Schlucken.*
und schüttelt sich und schluckt und schluckt,	
verzieht das Krokodilsgesicht,	*Grimassen ziehen.*
denn dieser Saft, der schmeckt ihm nicht.	
Doch irgendwann, da steht es auf	*Lächeln.*
und läuft davon im Dauerlauf.	*Das Krokodil verschwindet hinter dem Rücken.*

Der Erwachsene spricht den Text und spielt die Bewegungen, die das Kind sicherlich sofort nachmachen wird.

Im Krankenhaus ist Trallala

Das Monster hat Masern (Text und Melodie: Klaus Neuhaus)

Ab 4 Jahre

Material: Tonkarton, ein Papiertaschentuch, Schuhkarton, Filz- oder Buntstifte, Schere

2. Das Monster hat Masern
   und liegt seit Tagen krank im Bett.
   Es wäre ganz glücklich,
   wenn's keine Masern hätt'.
   Refr. Gruseln geh'n ...

3. Das Monster hat Masern
   und zieht das lange Nachthemd aus.
   Es steht vor dem Spiegel:
   „Mein Gott, wie seh ich aus!"
   Refr. Gruseln geh'n ...

4. Das Monster hat Masern
   und langweilt sich den ganzen Tag.
   Es sieht schon sehr blass aus,
   weil es nicht essen mag.
   Refr. Gruseln geh'n ...

5. Das Monster, das Monster,
   das war so zwei, drei Wochen krank.
   Jetzt gruselt es wieder,
   bei mir im Kleiderschrank.
   Refr. Gruseln geh'n ...

Auf dünnem Karton wird ein Monster, das Masern hat, gemalt und ausgeschnitten. In den Körper werden zwei Löcher für Zeige- und Mittelfinger gestochen. Dazu fertigt man ein passendes Nachthemd aus einem Papiertaschentuch und evtl. einen Kleiderschrank aus einem Schuhkarton. Anschließend begleitet das Kind das gesungene Lied mit seiner Monster-Fingerpuppe.

Sorgenpüppchen und Strahlemännchen

Sorgenpüppchen

Ab 6 Jahre

Material: Basteldraht, buntes Stopfgarn, Papier, Klebstoff, Schere, etwas Sand, eine Streichholzschachtel oder eine kleine Spanschachtel, Deckfarben, Pinsel, Klarlack

Herstellung: Den Basteldraht so zurechtbiegen, dass eine ca. 3 bis 4 cm große Figur mit zwei Armen, zwei Beinen entsteht. Den Körper mit Stopfgarn umwickeln. Ein kleines Stück Papier um den Kopf der Puppe wickeln. Den Oberkörper der Puppe in einer anderen Farbe umwickeln und auch ein- bis zweimal um das Papier am Kopf (als Hals) wickeln. Ein Gesicht aufmalen. Einen Tropfen Kleber auf den Kopf der Puppe kleben und ihn vorsichtig in etwas Sand (als Haare) drücken. Das fertige Sorgenpüppchen kann als Trostspender unter dem Kopfkissen, in einer dekorierten Streichholzschachtel oder einem kleinen Stoffbeutel liegen.

Ausnähbilder

Ab 6 Jahre

Material: einfarbiger Tonkarton, Wollreste, Sticknadel, Buntstifte

Herstellung: Auf festen Tonkarton werden einfache Formen bzw. Motive gezeichnet und mit einer dicken Nadel in einem Abstand von jeweils 1 cm Löcher vorgestochen. Mit einer Sticknadel und Garnresten wird nun auf den Linien entlanggenäht. Zum Schluss können die Bilder noch bemalt werden.

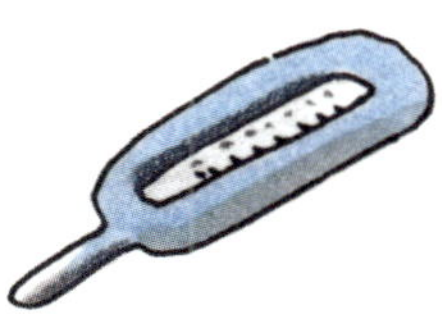

Strahlemännchen – Sauermännchen

Ab 5 Jahre

Material: 1 Joghurtbecher, 1 Holzlöffel, Wollreste für die Haare, Stoffreste für das Kleid, 1 Pfeifenputzer für die Arme, 2 Holzperlen für die Hände, Klebstoff, Schere, Filzstifte

Herstellung: In den Boden des Joghurtbechers ein Loch schneiden, sodass der Holzlöffel gut bewegt werden kann. Der Löffel bekommt auf einer Seite ein strahlendes und auf der anderen Seite ein saures Gesicht und eine Frisur. Den Stoff für das Kleid doppelt legen und ausschneiden. An der Bruchkante eine Rundung für den Hals schneiden. Der Pfeifenputzer wird um den Stiel des Löffels gewickelt, sodass zwei Enden als Arme übrig bleiben, auf die jeweils eine Perle als Hand geklebt wird. Das Kleid wird angezogen und mit einem Band unter den Armen gehalten. Den Stab von oben in den Joghurtbecher schieben und nach Belieben auf und ab bewegen. Je nach Gefühlslage des Kindes zeigt sich das Strahlemännchen oder das Sauermännchen.

Arztkoffer selbst gemacht

Ab 4 Jahre

Material: 1 Schuhkarton mit Deckel, diverses Verbandsmaterial, Pflaster, Zellstofftücher, leere Tablettenröhrchen und -Schachteln, Hautcreme, Einwegspritzen, Holzspatel, Stethoskop (zwei kleine Korken an einer Schnur befestigt) u.a.m.

Herstellung: Auf den Kartondeckel wird ein rotes Kreuz gemalt und der Karton mit den o. g. Utensilien bestückt. Ein ausgedienter Gürtel hält den Arztkoffer zusammen und dient gleichzeitig als Tragegriff.

Das verrückte Krankenhaus-Labyrinth

Das verrückte Krankenhaus-Labyrinth

Ab 6 Jahre

***Material:* eine Schokokuss-Schachtel mit den Pappfächern, eine Murmel, Schere, Filzstift**

Herstellung: In die Pappfächer der Schachtel (Krankenhaus) werden nach allen Seiten Tore geschnitten, durch die eine Murmel (Rollstuhl) gut durchrollen kann. Auf dem Boden der Schachtel wird der Weg der Kugel eingezeichnet und in zwei gegenüberliegenden Ecken der Schachtel Krankenstation und Röntgenstation markiert.

Ratschkino

Ab 6 Jahre

***Material:* Kopiervorlage Clown (siehe rechts), Schere, Buntstifte, Klebstoff, Notizblock**

Herstellung: Die Bildstreifen kopieren und farbig gestalten. Die Bilder ausschneiden und auf einzelne Blätter eines Notizblocks kleben.

Mit einer Hand wird der Rücken des Notizblocks festgehalten, Daumen und Zeigefinger der anderen Hand lassen die Bilder „durchratschen", sodass die einzelnen Bilder in Bewegung geraten.

Auf dem Bauernhof

Ab 4 Jahre

***Material:* 10 Gummiringe von Einmachgläsern, 10 Tierfiguren o. Ä.**

Herstellung: Auf die Bettdecke werden 10 Gummiringe gelegt und jeweils eine Tierfigur hineingestellt. Ein Mitspieler verdeckt die Augen, während der andere die Tierfiguren austauscht. Danach muss geraten werden, welche Tiere ihre Plätze gewechselt haben.

Rollbild

Ab 6 Jahre

Material: Kopiervorlage Ente (siehe unten), Schere, Buntstifte, Kleber, glatter Stift

Herstellung: Zwei Bilder eines Motivs werden ausgeschnitten und farbig gestaltet. Danach werden sie übereinandergelegt und an der linken Seite zusammengeklebt.

Das obere Blatt wird auf den glatten Griff eines Stiftes von rechts nach links eng aufgerollt. Durch kurze Rollbewegungen des Stiftes entwickeln sich die starren Bilder zu bewegten Bildern.

Fühl mal, was das ist

Ab 4 Jahre

Material: 5 bis 10 Gegenstände, z. B. Zahnbürste, Einwegspritze, Armbanduhr, Teddy, Anspitzer, Radiergummi, Stift usw.

Fünf bis zehn Gegenstände werden unter der Bettdecke versteckt. Nacheinander werden die Gegenstände unter der Bettdecke hervorgeholt und für eine kurze Zeit gezeigt (ca. 5 Sekunden), bevor sie wieder verschwinden. Sind alle Gegenstände gezeigt worden, muss ein Mitspieler alle gezeigten Gegenstände aus dem Gedächtnis aufzählen.

Der Schwierigkeitsgrad kann noch erhöht werden, indem bei der Aufzählung auch noch die richtige Reihenfolge beachtet werden muss.

Witzfiguren malen

Ab 5 Jahre

Material: Kopierpapier, Zeichenstifte

Patient und Gast nehmen sich jeder ein Blatt und falten es in drei fast gleich große Teile. Dann malt jeder auf sein Blatt in den ersten oberen Teil einen Kopf hinein, ohne dass es der andere sieht. Danach klappt jeder dies zu und tauscht sein Blatt mit dem anderen, der dann den Rumpf malt. Wiederum wird das Blatt zugeklappt und nochmals getauscht, wobei nun im unteren Teil die Beine und Füße gemalt werden. Zum Schluss werden die Blätter wieder aufgeklappt und nachgeschaut, was für wundersame Witzfiguren herausgekommen sind!

Zwirbelbild

Ab 5 Jahre

Material: Zwirbelbild zum Ausschneiden (siehe Kopiervorlage), Klebstoff, Locher, Gummiringe

Herstellung: Zwei Bilder eines Motivs werden ausgeschnitten und auf den Rückseiten zusammengeklebt. An den schmalen Seiten wird in der rechten und linken Mitte jeweils ein Loch angebracht. Durch beide Löcher werden Gummiringe geknotet.

Mit beiden Händen werden die Gummiringe rechts und links gefasst und das Zwirbelbild vor und zurück gezwirbelt. Da das Auge den optischen Reiz nur langsam verarbeiten kann, verbinden sich beide Bilder, z. B. Käfigstäbe und Löwe, zu einem Gesamtbild, sodass plötzlich der Löwe im Käfig sitzt.

Möhrendrache und Löffelspiele

Löffelspiel (Text: Autorinnen)

Ab 3 Jahre

***Material:* Löffel, Speise**

Kennst Du diese Zappeldinger?
Das sind die flinken Grabschefinger.
Erst guckt der dicke Mann,
was er wohl alles essen kann.
Dann kommt der dünne Große,
der isst nur Quatsch mit Soße.
Und der Lange in der Mitte
sagt ganz leise: „Bitte, bitte!"
Und der feine Ringelmann
schaut die Leckerbissen an.
Doch es kommt noch einer,
ein besonders Kleiner.
Ruft die andern: „Packt mit an,
dass ich den Löffel halten kann!"
Und sieh zu, in einem Rutsch,
ist das Essen futsch!

Vor der Mahlzeit spricht der Erwachsene den Vers und führt dabei mit den Fingern die passenden Bewegungen aus.

Vom Trinken (Christian Morgenstern)

Ab 3 Jahre

***Material:* 1 Tasse mit Wasser (evtl. mit der erforderlichen Medizin)**

Sieh zu! Sieh zu!
Wie trinkt das Pferd?
Wie trinkt die Kuh?
Sie gießen das Wasser nicht in den Schlund wie Du.
Sie nehmen es erst ganz sachte,
ganz sachte, und schadet nicht dem Kragen,
und schadet nicht dem Darm.
Siehst Du?
Sie nehmen es erst ganz sachte,
ganz vorn, ganz vorn in den Mund.
Da wird das kalte Wasser warm.

Die Finger der rechten und linken Hand sind wie zwei Tierköpfe geformt (Zeigefinger und kleinen Finger aufstellen, Mittel- und Ringfinger zum Daumen führen), dazwischen steht die Tasse mit Wasser. Das Gedicht wird gesprochen und die Hände führen passende Bewegungen zum Text aus.
Vielleicht fällt es dem kranken Kind auf diese Weise leichter, die bittere Medizin zu schlucken.

Power-Drink

Ab 3 Jahre

***Zutaten (für 2 Portionen):* 1 zerdrückte Banane, 5 Esslöffel Milch, 1 Becher Naturjoghurt, 2 Teelöffel Honig, Zitrone, Eiswürfel, 2 Pfefferminzblätter**

Zubereitung: Nacheinander alle Zutaten miteinander verrühren. Zum Schluss den Zitronensaft hinzufügen. Den fertigen Drink in ein Glas auf die Eiswürfel schütten, mit Pfefferminzblättern garnieren.

Möhrendrache

Ab 6 Jahre

***Material:* 1 Möhre, 1 Schälmesser**

Herstellung: Die Möhre wird von unten so eingeschnitten, dass ein Drachenmaul entsteht. Auf beiden Seiten können noch Zähne bzw. ein Drachenkamm eingekerbt werden, das Möhrengrün bildet den Drachenschwanz. Der Möhrendrache ist ein guter Mitspieler beim Bettkantentheater.
Nach dem Spiel wird die Möhre abgeschält und gegessen.

Birnenigel

Ab 4 Jahre

Material für 4 Igel: 2 Birnen, 100 g Marzipan, 100 g Mandelsplitter, einige Rosinen

Zubereitung: 2 Birnen schälen, halbieren und das Kerngehäuse entfernen. Kleine Scheibchen vom Marzipan abhobeln oder dünn ausrollen und die Birnenhälften damit bedecken. Mandelsplitter als Igelstacheln in die Birnen stecken. 2 Rosinen als Augen hineindrücken.
Die Birnenigel in eine feuerfeste Form oder auf das Blech legen und ca. 10 bis 15 Minuten bei 225 Grad backen.

Tipp: Der Birnenigel kann auch ohne Backprozess und Marzipan hergestellt werden.

Quark-Gesicht

Ab 4 Jahre

Material: 500 g Quark, 200 g Mascarpone, ⅛ Liter Milch, 100 g Zucker, diverse Früchte, z. B. Rosinen, Karotte, Mandarinen, Bananen, Kiwis, Äpfel

Zubereitung: Quark, Mascarpone, Milch und Zucker verrühren und in Dessertschalen füllen. Anschließend bekommt jede Quarkspeise ein Gesicht aus Fruchtstücken und Rosinen, wobei das Gedicht „Weinen und Lachen" das Tun des Kindes begleitet.

Weinen und Lachen (Josef Guggenmos)

In einer Schüssel lagen eine
Karotte und zwei Mandarinen,
eine Banane und vier Rosinen.
Ein Weinen war das, ein Klagen,
nicht zu ertragen.

Was ist da zu tun?
Was machen wir?
Die vier Rosinen verspeisen wir.
Die Banane legen wir so,
Ja du, jetzt schaust du froh!

Weitere Infos

Aktionskomitee KIND IM KRANKENHAUS Bundesverband e.V. (AKIK)
www.akik-bundesverband.de

Dort sind unterschiedliche Materialien erhältlich, eine Liste kann über die Geschäftsstelle angefordert werden, z. B.

- „Wenn ihr Kind ins Krankenhaus kommt ..." Faltblatt für Eltern
- Charta für Kinder im Krankenhaus

Ferientage

4

Besonders die Schulkinder können es kaum erwarten, wenn die Ferien beginnen. Endlich Freizeit, nicht jeden Tag so früh aufstehen, keine lästigen Hausaufgaben und keine Klassenarbeiten. Für die Eltern ist die Ferienzeit mit den Kindern jedoch nicht immer so entspannend. Denn häufig wissen die Kinder nicht so recht, wie sie sich beschäftigen können. Es entsteht Langeweile, zumal dann, wenn die besten Freunde verreist sind und das Wetter schlecht ist. Wie wäre es z. B. mit: „Kinder kochen für die Eltern", einer mehrtägigen Fahrrad-Rallye, dem Bau eines Baum- oder Spielhauses oder einem Sommerfest unter dem Motto „Zu Gast bei Ritter Kunibert". Dieses Buch enthält viele Anregungen, die dabei helfen können, die Ferien zu Hause mit den Kindern erholsam und aktiv zu gestalten.

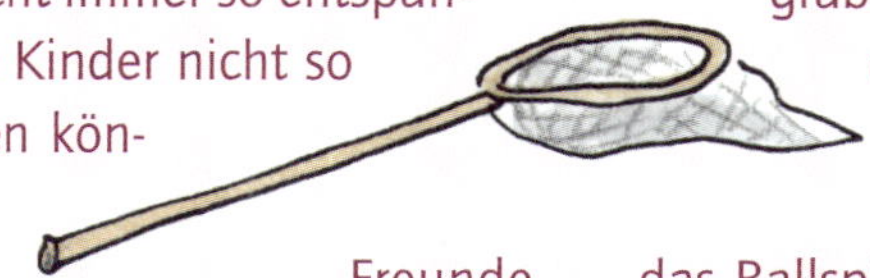

Ferienzeit bedeutet natürlich auch Reisezeit! Je nach Alter der Kinder ist es sehr nützlich, sie in die Planung mit einzubeziehen. Wie wär's mit dem Spiel „Urlaubsberater"? Dazu führen die Kinder mit jedem, der mitfahren will, ein Interview durch, um die individuellen Urlaubsbedürfnisse zu ermitteln.

Lange Reisen und weit entfernte Ziele bringen Kindern nichts. Sie können eher schaden. Schon die Anreise, das lange Stillsitzen z. B. im Auto auf engem Raum wird zur Geduldsprobe. Ausgleich schaffen Pausen, bei denen die Kinder ihren natürlichen Bewegungsdrang befriedigen können. Unterwegs helfen Rate, Mal- und Zeichenspiele oder auch einmal gemeinsames Singen für Abwechslung.

„Wer Kinder hat, reist nicht mehr, wie er will, sondern wie er muss!" Das heißt, wohin die Reise geht, ist Kindern im Großen und Ganzen gleichgültig. Wichtig ist, was am Ferienort passiert. Nicht die antike Ausgrabungsstätte oder die steile Gebirgskette in der Ferne sind Kindern wichtig, sondern die kleinen Erlebnisse am Ferienort: das selbst gebaute Wasserrad am Gebirgsbach oder das Ballspielen am Strand, vielleicht mit anderen Kindern.

Eine besondere Freude ist es für Kinder, im Urlaub mit Dingen zu spielen, die sie selbst hergestellt haben. Und dazu bieten sich die Regentage an. Deshalb ist es ratsam, alles Brauchbare zu sammeln, was die Ferienlandschaft zum Basteln und Gestalten anbietet.

Ferien

„Kinder, einsteigen, es wird Zeit!"
Der Wagen steht zur Abfahrt bereit,
bis obenhin ist der Kofferraum voll.
„Du meine Güte", sagt der Vater, „wo soll
denn dieser Riesenkoffer noch hin?"
Er hebt ihn auf. „Da ist ja nichts drin!"
„O doch", sagt Marie, „vorsichtig anfassen –
ich hab' ihn voll Sonne scheinen lassen,
und wenn es mal regnet, dann machen wir schnell
den Koffer auf, gleich wird's wieder hell."
(Hans Baumann)

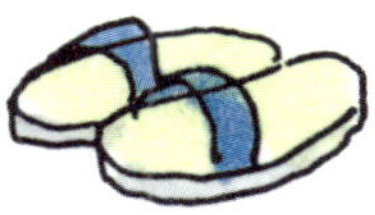

Bei uns ist immer was los (Spiele für zu Hause)

Auf Balkonien (Text und Melodie: Autorinnen)

Ab 6 Jahre

2. Den Balkon bau ich mir aus
   zu 'nem Südseeparadies.
   Hol die alte Wanne raus,
   aus dem Haus.
   Yuccapalmen um mich rum,
   Blumenketten bind ich um.
   Hula-Hula, dass es kracht,
   Nachbar lacht.
   Refr.: Balkonien ….

3. Und am Abend dann im Garten
   kann der Grill nicht länger warten.
   Heiße Würstchen, Paprika,
   Sangria.
   Zünde bunte Lampions an,
   glühen Würmchen, dann und wann,
   alle spielen wir Verstecken,
   in den Hecken.
   Refr.: Balkonien …

Überraschungstüten

Ab 6 Jahre

***Material:* Obsttüten vom Markt (o. Ä.), verschiedene kleine Gegenstände aus dem Haushalt**

Die Überraschungstüten werden von den erwachsenen Familienmitgliedern bestückt, mit Namen versehen und die Reihenfolge gekennzeichnet. Als Trostmittel oder Langeweile-Killer erhalten die Kinder an jedem Ferientag eine dieser Überraschungstüten und entdecken allerlei „Krimskrams", der ihre Fantasie und Kreativität anspricht.

Hier ein paar Vorschläge:
Federn, Wolle, Klebestreifen; Foto oder Ansichtskarte auf Karton kleben, in Puzzleteile zerschneiden; Knöpfe, Perlgarn; Bilder-Rätsel aus Zeitungen ausschneiden; Murmeln, kleine Papierfähnchen; Malstifte, Blanko-Postkarten; Vorlesegeschichte in Fortsetzungen zerschneiden und auf verschiedene Tüten verteilen; Stempel, Stoffreste, Stoffmalfarbe usw.

Frisbeestern

Ab 6 Jahre

***Material:* 2 Bogen Zeitungspapier, Paket- und Klebeband**

Herstellung: Die Zeitungspapierbögen teilen und von der schmalen Seite her vier Streifen (3 cm breit) falten. Anschließend werden die vier Streifen so übereinandergelegt, dass ein Stern entsteht, der mit dem Klebeband in der Mitte fixiert wird. Das Paketband wird nun, um die zentrale Mitte, abwechselnd über und unter den Zacken hindurchgezogen. Wenn der Frisbeestern einen Lackanstrich erhält, erhöht sich seine Festigkeit.

Teebeutel-Rallye

Ab 7 Jahre

***Material:* pro Team 1 Teebeutel**

Es werden gleich große Teams gebildet. Jedes Team erhält einen Teebeutel. Dieser Teebeutel ist nun bei den Bewohnern des Stadtteils einzutauschen gegen einen neuen Gegenstand, der größer oder wertvoller ist. Die Gruppe, die nach einer Stunde mit dem besten Gegenstand zurückkehrt, hat gewonnen.
Selbstverständlich muss ein echter Tausch vorliegen, kein Kauf oder Ähnliches.

Straßenkreide selber machen

Ab 6 Jahre

***Material:* Pigment- oder Dispersionsfarbe, Gipspulver, Schüssel, Spachtel, leere Filmdosen, Teppichmesser**

Herstellung: Zwei Filmdosen Gipspulver mit einer Filmdose Wasser und einer halben Filmdose Farbe in einer Schüssel verrühren. Den bunten Gipsbrei mit Hilfe eines Spachtels in eine Filmdose füllen und ca. 2 Stunden trocknen. Anschließend die Filmdose mit einem Teppichmesser aufschneiden und das fertige Kreidestück herausholen.

Foto-Feriengeschichte

Ab 6 Jahre

***Material:* 10–15 Fotos, 1 Heft, Klebestift, Stifte**

Herstellung: Alte oder neue Fotos zu einer selbst erdachten Foto-Story zusammenstellen und eine lustige, abenteuerliche oder spannende Geschichte dazu schreiben. Zum Beispiel:
„Neulich, als ich im Garten auf der Schaukel saß, sah ich im Baum einen Papagei sitzen. Auf einmal begann er zu sprechen. Er erzählte mir ..."

Hinkelstein

Ab 6 Jahre

Material: Kreide (siehe Rezept Seite 147), Hinkelstein

Auf dem Boden wird mit Kreide ein Spielfeld (Spielfeldvarianten siehe Skizzen) aufgezeichnet. Der erste Spieler wirft seinen Hinkelstein in das erste Feld, hüpft auf einem Bein hinterher und versucht den Stein mit dem Fuß in das nächste Feld zu stoßen. Das Feld „Sonne" oder „Wasser" darf nicht betreten werden, da die Spieler dort „verbrennen" bzw. „ertrinken". Steht die Zahl auf dem Spielfeld in einem Kreis, kann sich der Spieler dort ausruhen. Landet der Hüpffuß oder Hinkelstein auf dem Sonnen- oder Wasserfeld oder auf einem Kreidestrich, muss der Spieler aussetzen und der Nächste ist an der Reihe. Dieser kann dann seine Geschicklichkeit unter Beweis stellen und die Zahlen in der richtigen Reihenfolge durchhüpfen. Unterläuft diesem Spieler ein Fehler, kann der vorige Spieler einen neuen Versuch starten und dort sein Spiel fortsetzen, wo er einen Fehler gemacht hatte.

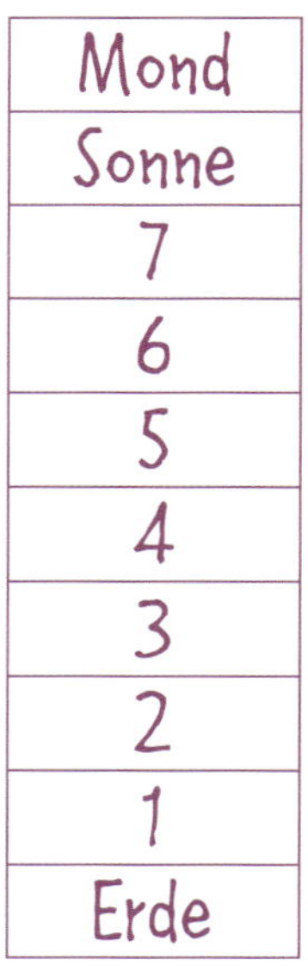

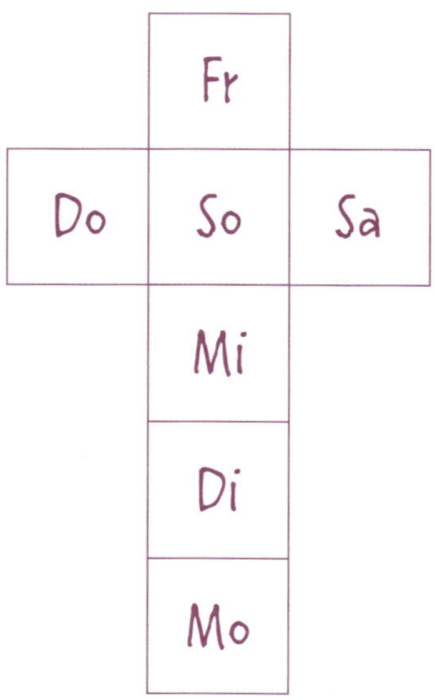

Steckbrief-Sammlung

Ab 7 Jahre

Material: 1 Kladde oder ein dickes Heft mit leeren Seiten, Filzstifte

Herstellung: In dem Heft werden die Steckbriefe der Freunde gesammelt, z. B. mit folgenden Angaben: Name, Lieblingstier, Leibspeise, Lieblingsbuch, Lieblingslehrer, bester Freund/beste Freundin usw. Diese Kategorien werden auf jede Doppelseite des Heftes geschrieben, mit genügend Abstand, sodass alle Platz genug zum Schreiben haben. Der Umschlag des Heftes kann nach Belieben gestaltet werden.
Im neuen Schuljahr können dann alle Mitschüler in die Steckbrief-Sammlung schreiben.

Wir fahr'n heut fort mit'm Omnibus (Spiele für unterwegs)

Die Autofahrt (Melodie und Text: überliefert)

Ab 4 Jahre

1. Und die Lichter von dem Auto gehen an und aus ...
2. Und die Wischer von dem Auto machen wisch, wisch, wisch ...
3. Und die Türen von dem Auto gehen auf und zu ...
4. Und der Vater in dem Auto sagt: „Der Tank ist leer ..."
5. Und das Baby in dem Auto, das macht bäh, bäh, bäh ...
6. Und die Mutter in dem Auto, die macht: „Psst, psst, psst ..."
7. Und die Oma in dem Auto sagt: „Ach, lass es doch, ...
8. usw.

Während der Autofahrt können noch weitere Strophen erfunden werden.

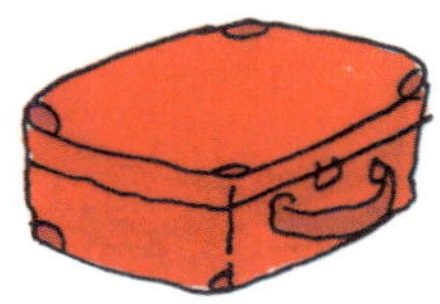

„Dagobert Duck verliert Windeln"

Ab 7 Jahre

Material: Notizblock, Stift

Aus den Abkürzungen der Autokennzeichen werden lustige Sätze gebildet. Zum Titel-Beispiel: DD-VW 2000 „Donald Duck verliert zweitausend Windeln". Geübte können versuchen, auch mehrere Autokennzeichen, dann ohne Zahlen, zu einem längeren Satz zusammenzufügen. MK-HH, DO-AK, GT-SO „Moritz Kurz darf ohne Anzug keine Gartenarbeit tun, sagt Oma."

Vierter Gewinnt

Ab 5 Jahre

Material: Stift und kariertes Papier

Auf einem karierten Blatt Papier wird ein Strich gemalt. Der Nächste schließt einen weiteren Strich an einen zuvor gemalten Strich an. Wem es gelingt, ein Viereck zu schließen, der darf in dieses Viereck sein Zeichen (Kreuz, gefüllter Kreis, offener Kreis, Kennziffer, Buchstabe) einsetzen. Gewonnen hat derjenige, der die meisten Vierecke hat schließen können.

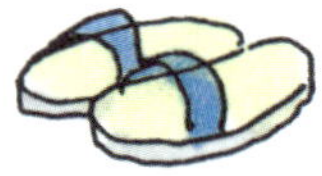

Schiffe im Nebel

Ab 8 Jahre

Material: Stift und kariertes Papier

Anregung: Jeder grenzt auf seinem Blatt ein Viereck von 12 Karos Länge und Breite ab, bezeichnet die senkrechten Reihen mit den Zahlen 1 bis 12, die waagerechten mit den Buchstaben von A bis L. Dieser Plan ist die Seekarte, auf der jeder nun die Position seiner Schiffe einzeichnet: ein Luxusdampfer (4 Karos), zwei Frachtschiffe (je 3 Karos), drei Fähren (je 2 Karos) und vier Motorboote (je 1 Karo). Die Spieler versuchen nun, durch Angabe der Koordinaten die Schiffe zu orten. Ist ein Schiff gefunden, so wird es auf der Seekarte kenntlich gemacht. Der Spieler, der alle Schiffe seines Mitspielers zuerst entdeckt hat, ist der beste „Lotse".

Zauberreißverschluss (Schnurspiel)

Ab 7 Jahre

Material: Baumwollschnur

1. Die Schnur über die ausgestreckte linke Hand legen und zwischen Daumen und Zeigefinger herunterziehen.
2. Unter den Schnüren durchgreifen und die mittlere Schnur zur Schlaufe drehen.
3. Die Schlaufe zu sich heranholen und über den Zeigefinger legen.
4. Die Schnur stramm ziehen und die nächste Schlaufe durch die nächsten beiden Finger holen.
5. Die Schritte 1 bis 4 wiederholen, bis man am kleinen Finger angekommen ist.
6. Die Daumenschlaufen abheben und festhalten. Mit der rechten Hand vorsichtig an der Schnur ziehen und siehe da, der Zauberreißverschluss öffnet sich.

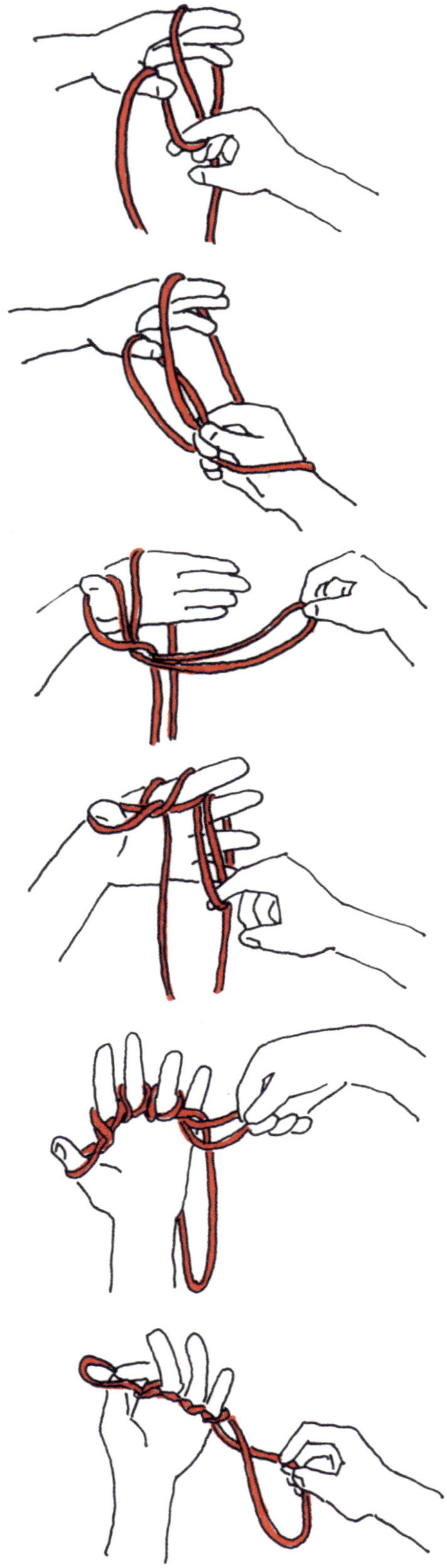

Zeichenratespiel

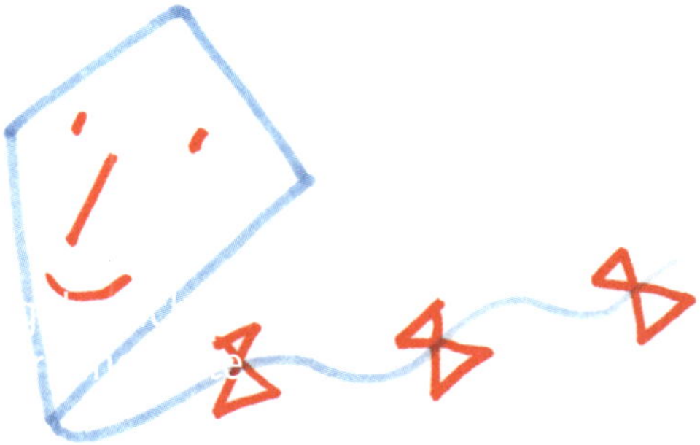

Ab 4 Jahre

Material: Buntstifte, Papier

Komm und hör mir einmal zu,
ich mal die Augen, das Viereck malst du.
Die Nase – ein Strich,
die male ich.
Der Mund ist ein halbes Rund.
Nun kommt noch ein langes Band daran,
mit Schleifen, dass er auch fliegen kann.
Ist es ein Rabe, eine Krähe, ein Storch?
Nein, nein, kein Vogel, horch nur, horch.
Auch er kann fliegen und Reisen machen!
Das ist ein lustiger, bunter Drachen!

Der Erwachsene spricht den Vers und diktiert dem Kind die Zeichenaufgabe.

Sachenzähler

Ab 5 Jahre

Einer sucht sich aus, was er zählt (z. B. gelbe Autos, blaue Verkehrsschilder) und die anderen müssen erraten, was gezählt wird.

Kofferpacken

Ab 6 Jahre

Der Erste fängt an und sagt: „Ich packe meinen Koffer. Ich nehme eine Badehose mit." Der Nächste muss den ersten Gegenstand im Koffer noch einmal aufsagen und selbst auch noch einen Gegenstand mit hineinpacken. Also: „Ich packe meinen Koffer. Ich nehme eine Badehose und eine Luftmatratze mit." Usw.

Der Mond ist rund

Ab 3 Jahre

Material: Buntstift, Papier

Der Mond ist rund,
der Mond ist rund.
Er hat zwei Augen,
Nas' und Mund.
Hat ein weißes Kleidchen an,
mit sechs gold'nen Knöpfen dran.
Arme wie zwei Sechse.
Beine wie zwei Ixe,
drei Haare in der Luft,
fertig ist der Schuft.

Der Erwachsene spricht den Vers und malt dazu die entsprechende Figur. Junge Kinder beobachten zunächst die entstehende Zeichnung und sprechen und zeichnen später nach.

Oben auf dem Berge (Spiele beim Wandern)

Blätterkranz

Ab 6 Jahre

Material: glattrandige Laubblätter, Kiefernnadeln

Herstellung: Immer ein Blatt ein wenig über das andere legen, sodass die Kiefernnadeln gleichzeitig durch beide stechen können. Den Blätterkranz in der Länge dem entsprechenden Kopfumfang anpassen.

Oben auf dem Berge

Dort oben auf dem Berge,
da ist der Teufel los.
Da streiten sich fünf Zwerge
um einen großen Kloß.
Der erste will ihn haben,
der zweite lässt nicht los,
der dritte fällt in' Graben,
dem vierten platzt die Hos,
der fünfte schnappt den Kloß
und isst ihn auf mit Soß.

Wasserrad

Ab 6 Jahre

Material: 1 Korken, 3 Plastiklöffel, 1 Schaschlikstab, Knete, 2 Astgabeln, Taschenmesser

Herstellung: Durch die Länge des Korkens einen Schaschlikstab stecken. Von den Plastiklöffeln die Stiele abbrechen und die Löffel rundherum in den Korken stecken. Zwei Astgabeln suchen und den Gegebenheiten anpassen. Mit zwei Knetkugeln im Abstand im Wasser befestigen, den Schaschlikstab in die Astgabeln legen und den ersten „Wasserfall" starten.

Es geht sich wunderschön (Gehspiel)

Ab 5 Jahre

Es geht sich, es geht sich,
es geht sich wunderschön.
Man muss es nur versteh'n,
im Gleichschrittmarsch zu geh'n.
Es geht sich ...

Die Wanderer stehen nebeneinander in einer Reihe und halten sich an den Händen. Auf ein Zeichen wird das rechte Bein ein wenig angehoben und der Vers nach dem Marschrhythmus beliebige Male wiederholt.

Mein Hut, mein Stock, mein Regenschirm (Gehspiel)

Ab 6 Jahre

Und *eins* und *zwei*
und *drei* und *vier*
und *fünf* und *sechs*
und *sieben* und *acht*
und *neun* und *zehn*.
Mein Hut, mein Stock, mein Regenschirm
und vorwärts, rückwärts, seitwärts ran.
Und *eins* ...

Die Wanderer stehen nebeneinander und halten sich umschlungen. Auf ein Zeichen beginnen sie alle mit dem rechten Fuß. Beim Marschieren werden die „Zahlen" im Text mit dem rechten Fuß stärker betont. Nach „Regenschirm" stehen bleiben, nur der rechte Fuß macht auf der Stelle einen Schritt vor, einen zurück, einen nach rechts und wieder an den Ausgangspunkt zurück. Danach geht es wieder von vorn los.

Bäumchen wechsle dich

Ab 5 Jahre

Jeder steht an einem Baum. Ein Mitspieler hat keinen Baum. Er steht in der Mitte und ruft: „Bäumchen, Bäumchen wechsle dich!" Auf dieses Zeichen hin müssen alle Mitspieler von ihrem Baum weglaufen und versuchen, einen anderen zu erreichen. Der Spieler in der Mitte muss einen Mitspieler abschlagen, solange er den neuen Baum noch nicht erreicht hat. Gelingt es ihm, kommt derjenige, der abgeschlagen wurde in die Mitte.

Wörterspringen

Ab 6 Jahre

Auf einem Weg wird ein kleines Spielfeld (1 x 1 Meter) markiert (mit Ästen oder in den Boden ritzen). Gespielt wird reihum. Einer springt in das Feld und ruft ein Wort, z. B. „Ball", und springt wieder heraus. Der nächste Spieler muss jetzt ein Doppelwort finden, das mit „Ball" beginnt. Er springt in das Feld und ruft z. B. „Ballspiel". Der Nächste muss jetzt ein Doppelwort finden, das mit „Spiel" beginnt, usw.

Stöcke-Boule

Ab 5 Jahre

Material: für jeden Mitspieler 5 geschnitzte Stöcke mit einem persönlichen Muster (ca. 30 cm lang), 1 geringelter Stock als „Schweinchen"

Ein Spieler wirft das „Schweinchen" und versucht dann, mit einem seiner Stöcke so nah wie möglich an das „Schweinchen" heranzukommen, am besten es zu kreuzen. Schafft er es, bekommt er fünf Punkte. Dann ist der Nächste dran. Kreuzt er den Stock seines Vorgängers, bekommt er einen Punkt. Der Stock, der zum Schluss der Spielrunde dem „Schweinchen" am nächsten liegt, zählt zwei Punkte. Wer eine vorher ausgemachte Punktezahl als Erster erreicht hat, ist Sieger.

Sonne, Sand und Meer (Spiele am Strand)

Im Folgenden werden nur Spiele beschrieben, die sich im weichen Sand am Strand spielen lassen. Ob diese Spiele möglich sind, hängt darüber hinaus von weiteren Faktoren ab, z. B. von der Größe, Beschaffenheit und Frequentierung des Strandes.

Murmelsandbahn

Ab 3 Jahre

Material: kleiner Ball oder große Murmel

Aus nassem Sand wird ein hoher Berg geformt, je höher, desto besser. Nun wird eine Mulden-Bahn angelegt, die von oben in Spiralen rundherum nach unten führt. Ein kleiner Ball oder eine große Murmel rollt dann um den Berg ins Ziel.

Nagelstöcke einschlagen

Ab 3 Jahre

Material: ein Weidenstock mit markierten Ringen

Als Nagelstock dient ein Weidenstock mit markierten Ringen und einer geschnitzten Spitze. Jeder Spieler darf mit einem Stein dreimal auf den Nagelstock schlagen. Wer schafft es, den Nagelstock am tiefsten in den Sand zu schlagen? (an den markierten Ringen abzulesen).

Strandmaler

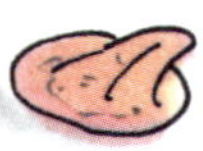

Ab 3 Jahre

Wie Montagsmaler, nur werden Figuren mit den Fingern in den Sand gemalt. Wer errät, was das ist?

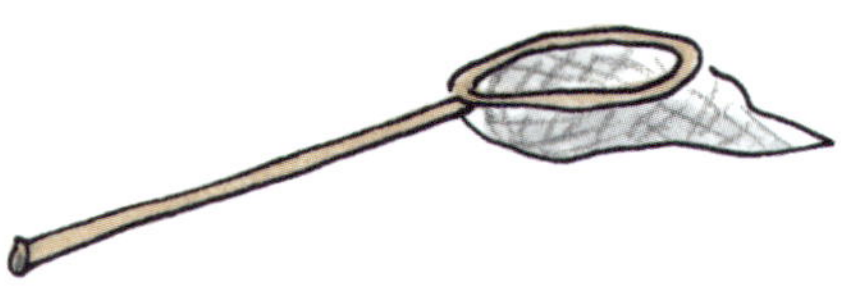

Seemannsknoten

Ab 5 Jahre

Material: 12 (2 x 6) kleine Handtücher, in den Farben: Orange, Rot, Blau, Gelb, Grün, Weiß, 1 Farbwürfel

Dieses Spiel ist für vier Mitspieler und einen Spielleiter. Die Handtücher werden in vier Reihen auf den Sand gelegt. An jede Seite des Spielfeldes stellt sich jetzt ein Spieler. Der Spielleiter wirft den Farbwürfel. Dann ruft er die gewürfelte Farbe und ein zusätzliches Körperteil immer im Wechsel: „rechte Hand", „linke Hand", „rechter Fuß", „linker Fuß". Alle Mitspieler müssen nun z. B. folgendem Zuruf folgen: „Rechte Hand auf Orange!" Dann setzen alle vier ihre rechte Hand auf Orange. Das war noch leicht. Wenn aber auch noch der rechte Fuß und die linke Hand platziert werden müssen, müssen sich alle schon ziemlich „verknoten" oder landen ganz einfach im Sand.

Finger im Sand

Fünf Finger sind an jeder Hand.
Fünf Finger graben heut im Sand:
Der Daumen heißt Herr Dickemann,
der dicke Löcher bohren kann.
Der Zeigefinger Krümm-dich-doch,
der bohrt ein langes dünnes Loch.
Der Mittelfinger ist Herr Klein,
der bohrt das tiefste Loch hinein.
Der Ringfinger heißt Herr Scharmant,
drückt flink ein Löchlein in den Sand.
Der kleine Finger Schubidu,
der schüttet alle Löcher zu.

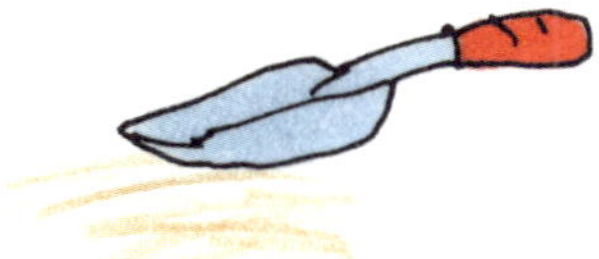

Muschelkönig oder Steinreich

Ab 6 Jahre

Material: 24 Muscheln oder kleine Steine

Das Spiel ist für zwei Spieler. Jeder gräbt vor sich in den Boden eine Reihe von sechs Löchern, daneben eine Gewinnmulde. Jeder Spieler legt in jedes Loch vier Muscheln. Die Muscheln der beiden Spieler brauchen sich nicht unterscheiden. Gespielt wird immer abwechselnd. Der erste Spieler nimmt nun aus einem Loch seine vier Muscheln und legt sie einzeln, gegen den Uhrzeigersinn, in die nachfolgenden Löcher (eigene wie gegnerische!) ab. Jetzt ist der andere dran. Wer bekommt die meisten Muscheln und wird Muschelkönig? Wenn die letzte abgelegte Muschel in einer gegnerischen Kuhle landet, in der nur noch ein oder zwei Muscheln liegen, dürfen diese und die eigenen in die Gewinnmulde gelegt werden. Fällt die letzte Muschel in eine eigene bereits leere Kuhle, gilt dieser Zug für den Spieler ebenfalls als gewonnen. Zusätzlich darf er dann noch alle Muscheln nehmen, die sich im gegnerischen Loch genau gegenüber befinden. Das Spiel ist aus, wenn alle Kuhlen/Löcher eines Spielers leer sind. Muschelkönig oder steinreich ist, wer die meisten Muscheln in der Gewinnmulde hat!

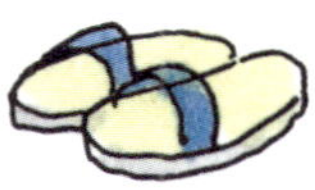

Drei gewinnt

Ab 5 Jahre

Material: 3 Steine und 3 Muscheln

Das Spiel ist für zwei Spieler. Zuerst wird ein Viereck in den Sand gemalt und in neun Felder unterteilt. Dann nimmt ein Spieler 3 Steine und der andere 3 Muscheln oder Ähnliches. Abwechselnd werden nun alle Spielsteine auf die Felder gelegt. Dann zieht jeder abwechselnd ein Feld nach rechts, links, oben oder unten (nicht schräg!). Wer zuerst eine waagerechte, senkrechte oder diagonale Dreierreihe erhält, schreit: „Drei gewinnt!"

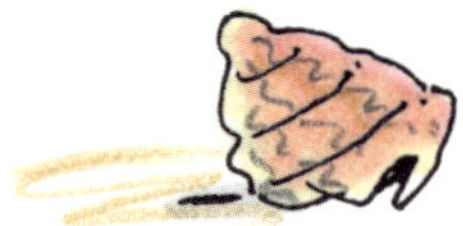

Strandkette

Ab 5 Jahre

Material: Muscheln, Federn, kleine Treibhölzchen, Lochsteine, Perlen, Leder- oder Baumwollschnur, Zwirn, Handbohrer, Holzbrettchen

Herstellung: In die Muscheln und Treibhölzchen mit einem Handbohrer ein Loch bohren (ein Holzbrettchen unterlegen). Die Muscheln, Federn (mit einem Zwirnsfaden festknoten), Treibhölzchen und ein paar bunte oder durchsichtige Perlen auf eine dünne Leder- oder Baumwollschnur fädeln – fertig ist die Strandkette.

Strandräuber

Ab 6 Jahre

Material: je nach Alter der Mitspieler 3 bis 10 Gegenstände, die am Strand vorhanden sind, z. B. Muschel, Feder, Stein, Sonnenbrille, Taucherbrille, Sonnencreme, Wasserschuh etc., ein großes Handtuch

Auf dem Sand oder einer Decke hat der Spielleiter eine Anzahl von Gegenständen unter ein Handtuch gelegt. Auf ein Zeichen wird das Tuch entfernt und alle Mitspieler betrachten die Dinge für einige Sekunden, ohne zu sprechen. Dann werden sie wieder zugedeckt. Nun schließen die Mitspieler für kurze Zeit die Augen, während der Spielleiter einen Gegenstand entfernt. Danach dürfen alle noch einen Blick auf das „Strandgut" werfen, ehe sie sagen, was fehlt.
Bei geübten Spielern können auch mehrere Gegenstände entfernt werden.

Ferienküche (Essen unterwegs)

Kartoffelsuppe (für 4 Esser)

Ab 6 Jahre

***Zutaten:** 1 Paket gewürfelter Schinkenspeck (150 g), 2 Esslöffel Öl, 100 g Zwiebeln, 150 g Möhren, 200 g Kartoffeln, 1 ½ Liter Brühe, 110 g Kartoffelpüreepulver, Salz, Pfeffer, Muskatnuss, 1 Bund Schnittlauch*

Zubereitung: Den Speck mit 1 El Öl anbraten. Die Zwiebeln pellen und würfeln. Die Zwiebeln im Speckfett glasig dünsten. Die Möhren und Kartoffeln waschen und schälen. Die Möhren und Kartoffeln grob raspeln und in den Topf geben. Die Brühe zugießen und 8 Minuten köcheln lassen. Die Suppe aufkochen lassen, vom Herd nehmen. Das Püreepulver unterrühren. Die Suppe mit Salz, Pfeffer und Muskat würzen. Den Schnittlauch in Röllchen schneiden und mit der Speckmischung in die Suppe rühren.

Griechischer Joghurtsalat mit Gurken und Knoblauch (für 4 Esser)

Ab 5 Jahre

***Zutaten:** 1 mittelgroße Gurke, 500 ml Joghurt, 1 Esslöffel Olivenöl, 1 Teelöffel Essig, ½ Teelöffel Salz, 1 Teelöffel gehackter Dill, 1 klein geschnittene Knoblauchzehe*

Zubereitung: Die Gurke schälen, sehr klein schneiden, mit den Zutaten vermischen und eine Stunde zugedeckt kalt stellen, damit sich das Aroma entwickelt. Gut zu gegrilltem Fleisch oder gebackenen Auberginen.

Bratkartoffel-Variationen (für 2 Esser)

Ab 6 Jahre

***Zutaten:** 4 Handvoll klein gewürfelte rohe Kartoffeln, Öl, 1 Zwiebel, Majoran, Salz, Pfeffer*

Zubereitung: Kartoffeln in Öl auf mittlerer Flamme ca. 15–20 Minuten goldgelb braten. Die klein geschnittene Zwiebel dazugeben. Mit Majoran, Salz und Pfeffer würzen. Nochmals 5–7 Minuten weiterbraten. Dazu passen Bratwürstchen und Salat.

Bauernpfanne

Zu den Zwiebeln eine Handvoll Speckwürfel dazugeben. Zwei Eier verquirlen, drübergießen. Mit süßsauren Gurken servieren.

Piratenpfanne

Majoran durch frische gehackte Petersilie ersetzen. Zu den Bratkartoffeln geräucherten Fisch (Lachs, Makrele, Forelle, Hering ...) reichen.

Cowboypfanne

Zu den Zwiebeln eine Handvoll Paprikawürfel, eine Handvoll Speckwürfel, etwas Paprikasalami, zwei Esslöffel rote Bohnen aus der Dose, ein Esslöffel Mais aus der Dose und eine Knoblauchzehe dazugeben. Majoran durch frische gehackte Petersilie ersetzen.

Reise-Brot (für ca. 20 Fladenbrote)

Ab 6 Jahre

***Zutaten zu Hause vorbereiten:** 1 kg Weizenmehl, 2–3 Päckchen Trockenhefe, 1 gehäufter Esslöffel Zucker und 1 Teelöffel Salz in einem Plastikbeutel vermengen. Falls kein Messbecher unterwegs vorhanden ist, einen durchsichtigen Plastikbecher mitnehmen (mit Strich versehen) jeweils für abgewogene 100 g Mehl und für 40 ml Wasser.*

Zubereitung unterwegs (für 2 kleine Fladenbrote): 100 g von der Mehlmischung mit 40 ml Wasser vermengen und gut durchkneten. 30 Minuten gehen lassen. 2 kleine Fladen formen und mit Öl bestreichen. In einer Pfanne auf kleiner Hitze mit Deckel darauf jede Seite 5–7 Minuten langsam backen lassen. Die Farbe sollte goldgelb sein.

Spaghetti mit Avocado (für 4 Esser)

Ab 6 Jahre

***Zutaten:** 200 g Vollkorn-Spaghetti, Salz, 1 Avocado, 2 Esslöffel Zitronensaft, 1 Tomate, 1 Knoblauchzehe, 1 Bund Petersilie, 50 g Sahne, weißer Pfeffer*

Zubereitung: Für die Nudeln reichlich Wasser mit einer kräftigen Prise Salz im Spaghetti-Topf zum Kochen bringen. Die Nudeln darin bei starker bis mittlerer Hitze garen. Inzwischen die Avocado halbieren, vom Kern befreien und schälen. Das Fruchtfleisch mit einer Gabel fein zerdrücken und mit dem Zitronensaft mischen. Die Tomate waschen und sehr klein würfeln. Den Knoblauch schälen und fein hacken. Die Petersilie waschen und ohne die groben Stiele sehr fein hacken. Das Avocadopüree mit der Tomate, dem Knoblauch, der Petersilie und der Sahne mischen und in einem Topf leicht erwärmen, aber nicht kochen lassen. Die Soße mit Salz und Pfeffer pikant abschmecken. Die Nudeln in einem Sieb gründlich abtropfen lassen, dann sofort mit der Soße mischen und servieren.

Hot Bananas (für 2 Esser)

Ab 6 Jahre

***Zutaten:** 2 Bananen, 1–2 Esslöffel Butter, 1 Päckchen Vanillezucker, 2 Esslöffel Orangensaft*

Zubereitung: Bananen jeweils einmal längs und quer durchschneiden, sodass pro Banane 4 Teile entstehen. Butter schmelzen lassen. Bananen dazugeben und beidseitig goldgelb braten lassen. Bananen auf den Teller legen und Butter-Zucker-Gemisch mit einem Schuss Orangensaft ablöschen und über die Bananen gießen.

Grillbananen: Ganze Bananen mit Schale auf den Grill legen, warten, bis die Schale sich schwarz verfärbt hat. Meist tritt dann schon etwas Saft aus der Schale. Banane auf den Teller legen. Mit 2 Längsschnitten in die Schale die Banane „öffnen", mit Zimt, Zucker oder Honig beträufeln und Banane aus der Schale löffeln.

Impressum

Die Autorinnen

Mechthild Wessel (links) und **Brigitte vom Wege** (rechts) sind Sozialpädagoginnen, sie unterrichten an der Fachschule für Sozialpädagogik in Iserlohn. Beide führen spiel- und theaterpädagogische Fortbildungsveranstaltungen durch, außerdem sind sie Autorinnen zahlreicher Fachpublikationen.

Quellennachweise

S. 26 „Oh, Verzeihung, sagte die Ameise"; **S. 143** „Weinen und Lachen" (Josef Guggenmos), aus: Josef Guggenmos, Oh, Verzeihung, sagte die Ameise
© 1990 Beltz & Gelberg in der Verlagsgruppe Beltz, Weinheim/Basel.

S. 38 „Mein Drachen", © Albert-Sixtus-Archiv.

S. 49 „Es fiel ein Schnee", Peter Hacks: Es fiel ein Schnee. Aus: Ders., Hacks Werke, 10. Bd., Die Kindergedichte und -dramen © Eulenspiegel Verlag, Berlin 2003.

S. 81 „Osterwunsch" (Eva Rechlin), Abdruck mit freundlicher Genehmigung von Eva Bartoschek-Rechlin.

S. 85 „Osterbotschaft"; **S. 126** „Tannengeflüster", James Krüss, der wohltemperierte Leierkasten, © 1989, cbj, München, in der Verlagsgruppe Random House GmbH.

S. 93 „Der Kürbis" (Alfred Könner), Abdruck mit freundlicher Genehmigung von Alfred Könner, Berlin.

S. 136 „fünfter sein", Ernst Jandl, poetische Werke, hrsg. von Klaus Siblewski, © 1997 Luchterhand Literaturverlag, München, in der Verlagsgruppe Random House GmbH.

S. 138 „Das Monster hat Masern" (Text und Melodie Klaus Neuhaus), © Musikverlag Franke + Neuhaus GBR.

S. 145 „Ferienkoffer" (Hans Baumann), Abdruck mit freundlicher Genehmigung von Elisabeth Baumann, Murnau.

FSC www.fsc.org
MIX
Paper from responsible sources
FSC® C010798

Überarbeitete Neuausgabe von „Das große Ideenbuch Kinderbeschäftigung"

www.herder.de

Umschlaggestaltung: SchwarzwaldMädel, Simonswald
Coverillustration: Ines Rarisch, Düsseldorf
Illustrationen: Detlef Kersten, Gehrden

Innenlayout und Gesamtproduktion:
Uwe Stohrer Werbung, Freiburg

Herstellung : Graspo, Zlín
Printed in the Czech Republic

ISBN 978-3-451-32764-3